道参天地

任法融书

辛卯孟夏

任法融释义经典

一任法融 著一

周易参同契 释义

（修订版）

人民东方出版传媒

东方出版社

目录

自序

　　道家思想，源于老黄。基本理论，注重生命。养生文献，积累丰富，最为典型。汉代伯阳，继承老黄"观天之道，执天之行"、"清静无为"，以此为宗，兼其参悟《火记》、《龙虎》，再遇高人，口传心授，得其正法。长期潜修，亲身体验，道成德就，假借《周易》，卦爻象数，象征符号，天文律历，图谶之术，作为比喻。核心内容，内丹为宗，成仙为旨，又以阴阳进退变化，阐明修炼功理功法。恐其后人难以把握，故借八卦纳甲之法，十二消息，日月升降，晦明朔望，进退火候，结合《周易》一书理论，修炼理法，"鼎器"、"火候"、"药物"、"剂量"。同时还将"炼己"、"筑基"、"结丹"、"脱胎"、"成仙"功理功法，无不尽述。除此之外，其书文体，或用四言，或着五绝，诗词格调，组合而成。其书共三篇，文学价值极高，功理功法精辟深湛。名流贤达，无不遵循，证果成真，故赞此书"万古丹经王"。

任法融

总

论

《周易参同契》其书及作者考

据明正统道藏《参同契注》长生李真人序中所云：《周易参同契》为东汉魏伯阳所著。魏伯阳（126—?），名翱，号云牙子，会稽上虞（即今浙江省上虞县丰惠镇）人。《明正统道藏周易参同契分章通真义序》述："真人魏伯阳者，会稽上虞人也。世袭簪裾（高门望族），唯公不仕，修真潜默，养志虚无，博瞻文词，通诸纬侯，恬淡守素，唯道是从。每视轩裳（官服）如糠秕焉。不知师授谁氏（魏伯阳不愿做官，志在求道，游历山川，访师求道，到长白山遇一高人，传授其炼丹秘诀，回家乡隐居潜修）。"得《龙虎经》尽获妙旨，乃约《周易》撰《参同契》三篇。又云："未尽阐微，复作补塞遗脱一篇，继演丹经之玄奥，所述多以寓言，借事隐显异文，密示青州徐从事，徐隐名而注之。至后汉桓帝时，公复传授与同郡淳于叔通，遂得于世。"

《参同契》的第一位注家，是青州徐从事。徐从事其人，史书无载，故在注本上隐去了他的名字。淳于叔通，名斟，叔通是他的名字，也有书说他名翼，字叔显。他是魏伯阳的同乡，好道术，擅占卜。汉桓帝时，曾担任过徐州县令、洛阳知府等官职，史传中有记载、后来弃官归隐，养性修真。经此二人传播，《参同契》方传于世。

据《神仙传》载："魏伯阳，吴人也。本高门之士，而性好道术……作《参同契》、《五相类》，其说如似解释《周易》，假借爻象而实论作丹之意。"

唐刘知古《日月玄枢篇》，抱朴子曰："魏伯阳作《参同契》、《五相类》凡二篇，假大易之爻象以论修丹之旨。"

考《隋书·经籍志》未著录。《旧唐书·经籍志》始有《周易参同契》二卷、《周易五相类》一卷。

宋晁公武《郡斋读书志》谈及《周易参同契》三卷谓："汉魏伯阳撰，按《神仙传》：伯阳，会稽上虞人……修真养志，约《周易》作此书，凡九十篇。徐民笺注，桓帝时以授同郡淳于叔通，因行于世，彭晓为之解……按唐陆德明解易字云：虞翔（虞翔，字仲翔）注《参同契》言字从日下月。今此书有日月为易之文，其为古书明矣。"

又据宋朱熹《周易参同契考异》附黄瑞节序说："朱子曰……《参同契》文章极好，盖后汉之能文者为之。"

以上诸家所谈，均认为《周易参同契》由魏伯阳祖师所作无疑，其成书年代在顺帝和桓帝期间。这一论证是无异议的。

《周易参同契》的主要内容

《周易参同契》的内容究竟是什么？该书有史以来，常被人们认为古奥难解。五代彭晓《参同契解义序》说："参，杂也；同，通也；契，合也。谓与《周易》理论而契合也，其中假借君臣，以彰内外；叙其坎离，直指铅汞；列以乾坤，奠量鼎器；明以父母，保以始终；合以夫妻，拘其交媾；譬如男女，显以滋生；析以阴阳，导以反复；示以晦朔，通以降腾；配以卦爻，形与变化；随之斗柄，取以周星；分以晨昏，昭诸漏刻，莫不托易象而论之，故名《周易参同契》。"

彭晓又在《周易参同契分章通真义序》中说："公撰《参同契》者，谓修丹与天地造化同途，故托易象而论之……故以乾坤为鼎器，以阴阳为堤防，以水火为化机，以五行为辅助，以真铅为药祖，以玄精为丹基，以坎离为夫妻，以天地为父母，互施八卦，驱役四时，分三百八十四爻，循行火候，运五星二十八宿，环列鼎中，乃得水源潜形，寄庚辛而西转火龙，伏体逐甲乙以东施。易曰：'圣人有以见天下之赜，而拟诸其形容，像其物宜'，公因取象焉。"

由以上论述可以看出，《参同契》是借《周易》卦爻象数之象征性符号，又以天文律历图谶等术语作比喻。其核心内容是以修炼内丹为主旨，长寿成仙为目的。其要意是以阴阳二者的配合、进退变化，阐明修炼的功理及功法。

魏伯阳又恐怕人们对阴阳二者的变化难以捉摸，故借八卦纳甲之法、日月晦明朔望作为周天进退火候。经中所说天干的甲、乙、丙、丁、庚、辛者是指月的昏旦出没，仍分六卦之方位，以乾坤为鼎炉，以坎离配水火为药物，以六十卦定升降。阐明金者是日之所生，银者是月之所育。日月互用，水火合成，龙虎相须，阴阳制伏，而成真丹。

总之，伯阳祖师是继承了渊源极古的黄老清静无为之妙旨，《火记》、《龙虎经》之真诠，通过自身多年的苦心隐居，潜修密行，道成德就之后，把他的经过与实践配合《周易》卦象及爻义，并参儒理，借托炉火，方将修炼内丹的功理功法著成此书。古今中外，均认可它的真实性和准确性。遵循其法修炼，越来越多的实例证明了它的真实和准确。

鼎炉

鼎炉是炼丹的器具，在自然界则为乾坤，天地是乾坤之象，故《周易·系辞》云："乾坤成立，而易行于其中矣。"意即：鼎炉建立之后，自然就呈现出阴阳两仪，四正面为四象，四面及中宫则为五行，四正加四隅则为八方，亦为八卦。十二辰、二十八宿环之四周，其运度则自有三百六十。两仪代表寒热、阴阳，四方在方位为东、南、西、北，四正在时令为春、夏、秋、冬。五行在方位是东、南、西、北、中，在时令为春、夏、秋、冬及长夏，从物质讲为金、木、水、火、土。八卦从方向讲为四正加四隅八方，从时令讲为立春、春分、立夏、夏至、立秋、秋分、立冬、冬至八节，四象八卦环列在鼎炉四周，以应四时八节。两仪由乾坤上下而分，以应南北两极，十二月应十二辰，大则一年十二月，小则一日十二时，阳升阴降，刚柔相济，寒暑合节，循环往返，周而复始，明生岁成，万物生长收藏，有条不紊。

修炼内丹同然，其鼎器取象于自身，头顶泥丸宫为鼎，腹部下丹田为炉。人身头部属阳，故称"乾"。腹部下丹田为阴，故称"坤"。头与腹分上下两极，前后左右则为四象，再加上中宫则为五行，应身内为五脏。一年分四季、八节、十二个月、二十四气、三百六十日，应人身则为四肢八脉、十二经络、二十四椎、三百六十骨节。人如能取法天地之象，居心恬淡，无为自然，则人身的真铅真汞自然浑融，阴阳合和，坎离相交，神气相恋，阳升阴降，循环往返，周而复始，身轻体健，永葆青春。故历代修炼之高士，莫不以人身为最宝贵、最高级、最精密的炼丹鼎炉。

药物

药物是烧炼内丹的原料，无论炼内丹还是炼外丹，均需先投药物。炼丹和做饭一样，不能火烧空锅，需添水加粮，方能做成饭菜。水和粮，在炼丹中就是药，用水和粮做成的饭，在炼丹中就是丹。但历来修炼内丹的人，对药物的命名极多，亦较杂。为了使人们易于了解，现将最突出的几种对药物的标名试述于下。

一、坎离

坎离两卦，阴中含阳，阳中含阴，阴阳互含，相恋相交，互为室宅，混合而不可分割，关系紧密，以此比喻人身元精与元神相交互养而合凝成丹之妙用。同时坎离两卦，相为承受，互为运转，其形式相似车轮上下辗转，阴阳易位，互为运用，以喻人身阴阳之理。

甲、坎离代日月

日、月为易，易是阴阳之用。故本经云："易谓坎离，坎离者乾、坤二用。"又云："坎离冠首，光耀重敷。"宇宙形成之后，就有了日和月。日为阳以离火代之，月为阴以坎水代之。天地是宇宙之象，坎离又是宇宙之用，天地位于上下，坎离往来于东西，自然阴阳升降于其中。因之，四时成序，万物随之有生长收藏。

乙、坎离源于乾坤

乾坤是阴阳之体，坎"月"离"日"是阴阳之用，先有阴阳之体，后有阴阳之用，所以，离日坎月均由乾天坤地中生出。从卦象来说：乾卦得坤卦中爻为离，离属阳代火，火代日；坤卦得乾卦的中爻为坎，坎属阴代水，水代月。天地之间就因有日月往来，自然形成明生岁成，水火相交，万物由生，阴阳进退伸屈，万物随之自然形成新陈代谢。

丙、坎离代元神与元精

人身是一小天地，人身中的元神与元精，就像天空中的日和月。天地间的阴阳造化是由日和月起作用，无疑元精与元神主宰着人身之百骸，在丹道讲，就是炼丹的药物。元精与元神驱入炉鼎之内，通过符火烹炼，药物自然转化，直至使二者合凝，内丹就可结成。故《悟真篇》云："既驱二物归黄道，争得金丹不解生。"

丁、坎离在人类代表男女

坎卦一阳在内，故为男。离卦一阴在内，故为女。坎离交媾，阴阳和合，人类由此繁衍而生。故本经上卷中说："坎男为月，离日为女，日以施德，月以舒光。"

戊、坎离在炼外丹代铅汞

铅代水，汞代火。铅中有兑金，汞里有震木。由此可见，坎离虽为二体，其中四象五行具备。坎卦中爻一阳，是纳戊土，离卦中爻一阴，是纳己土。铅汞均由土产，坎离两卦，容藏着金、木、火、水、土，互含着相生关系。炼外丹也就是使铅、汞二者合凝为目的，铅与汞的合凝，其实四象归并，五行会聚，尽含于其中。

为何将人身药物取为铅汞呢？铅和汞原为烧炼外丹的药物，前人为了使人易于理解与操持，故以铅和汞借名。铅在人身为肾水，水是人身元阴真气，故称元精，又谓真铅。铅属太阴月所生。汞在人身则为神火，神火是人身的元阳气，故称元神，又谓真汞。汞属太阳，日精所产。二者都是日月灵气，乃天地之至宝、人身之至贵。炼外丹者，如将铅汞混凝，就结成丹头。炼内丹者，若将元神与元精相结，就产生了丹基。外丹的烧炼程序是消铅益汞，直到将铅阴消尽，达到纯汞，而汞也就起了变化，外丹就可以结成。烧炼内丹的程序是剥阴益阳，直至将阴剥尽，达到纯阳时，其阳本身亦发生变化，内丹由此结成。

己、坎离代魂魄

人身的元精属阴，元神属阳，阴阳和合产生"魂魄"，而后形体合一，性命亦由此构成。魂魄是元神元精的生成物，修丹时先从后天形体性命中着手，因之标魂魄。

1. 魂魄为阴阳。魂为阳，取卦象为离，在天应日。魄为阴，取卦象为坎，应天为月。魂为阳之神，日中之金，为日精所化。魄为阴之神，月中之玉，是月华所生。日魂月魄，相映生明，两者互赖，不可分离。

2. 魂魄为元神与元精。魂在人身象征君王，安居宫廷之内。魄为精气，象征大臣，守卫城郭之外。人身的元神旺，就像人君处正，国政稳定；人身的精气足，如同大臣忠诚、国政稳定、城郭坚固、万民安居乐业。元神旺盛，精气十足，情性相依，神清体健，百脉调和。

3. 修炼内丹的关键是使魂魄合一。故老子曰："载营魂抱一，能无离乎。"魂属阳，主动；魄属阴，主静。二者合一则身健，二者分离则身疲。精气与元神本不相离，因情欲牵诱，以致魂飞扬于上，魄沉滞而降于下。魂飞魄散，阴阳分离，水火不济，则死期来临。因此，修炼内丹的唯一运转搏炼，即驱使精气与元神二者和凝归一，使之成丹。《黄庭经》云："安炉立鼎法乾坤，锻炼金华制魂魄。"本经亦云："魂魄相拘，阴阳为度，魂魄所居，阳神日魂，阴神月魄。魂之与魄，互为室宅。"都系同一道理。

庚、坎离在自然界及其在丹道中的应用

四时运行，寒暑往来，明生岁成，都是坎（月）离（日）起着它本身的作用。丹道同然。炼丹时的进阳火与退阴符都是人身元精与元神起着它本身的作用，故本经上卷中说："故推消息，坎离没亡。"

辛、坎离代龙虎

木火合并称"龙"，金水合并称"虎"。故本经云："金水合处，木火为侣，四者混沌，列为龙虎。"此外，龙虎在丹道中有四种运用。

1. 龙虎之借名。因人身与元神之德性难以降制，故以龙虎借名。青龙之德，隐险莫测，难以擒制。白虎之性，刚强猛烈，不易降伏。应审慎坚守，如遇敌之枕戈，似履冰之临渊，全神贯注，大显真土（真意）之神威，龙虎方能降伏。龙虎伏后，水火自然既济。又因将南北之水火易为金木，故借龙虎列东西而属金木，在此同时，青龙代人身真汞，白虎代人身真铅。

2. 龙虎归降之后的景象。龙虎归降之后，二物的德性就会发生变化。也就是由刚强、猛烈、乖戾变为相亲相爱、互为交感、相为饮食。故本经中曾说："龙呼于虎，虎吸龙精，两相饮食，俱相贪并，遂相衔咽，嘴嚼相吞。"调停运用到此阶段龙呼气于虎，虎吸精于龙，互为根柢，迭用刚柔，阴阳相交，吞吐相接，龙马归顺，二气一往一来，自然而然。

3. 龙虎在自然界主生杀之权。在丹道持德刑之柄，青龙属阳为东方木，在时令为春，故主生；白虎属阴为西方金，在时令为秋，故主杀。青龙在人身为肝胆，白虎为肺腑，肝木能生心火，肺金能生肾水，故肝心属阳为生，肺肾属阴为杀。

4. 龙虎在自然界中相交互用之关系。上边已说过：龙阳主生，虎阴主杀。但生中带杀，刑中有德。本经说："……渐历大壮，侠列卯门，榆荚堕落，还归本根……观其权量，察仲秋情，任畜微稚，老枯复荣，荠麦芽蘖，因冒以生。"意即：时逢仲春，在草木随阳生长繁茂的同时，可是榆荚堕落；时逢仲秋，在草木顺阴凋零过程中又有麦芽始生，是何原因呢？春阳为得，应卦象为震，重卦为泰。秋阴为刑，应卦为兑，重卦为否。泰者通也，三阳三阴各半。卦象可以看出，春气虽温，但其中还有阴气未尽。阳主生，阴主杀，故有德中带刑之因。否者塞也，仍三阴三阳各半。说明秋气虽凉，但其中还有阳气未决，故有杀中含生之故。否卦和泰卦正好相反，泰卦三阳在内，三阴在外，说明春时呈现着阳长阴消之势。否卦三阴在内，三阳在外，是说明秋季呈现着阴进阳退之象。非但草木如此，国政、务农及丹道同然。治国是以仁义布政：仁为德，义是制裁，故谓刑。治国的唯一目的是造福人类，使民安居乐业，享受天伦之乐，这是仁德。然而对祸国害民的狂暴之徒，应予制裁，这又是刑。农夫耕耘同样，促使禾苗茁壮，是生；必须铲除杂草，又是杀。丹道呢？建立正气是德，清除邪僻是刑；清静神心是德，荡涤欲念是刑；益阳是德，剥阴是刑。除暴安良，安良除暴，助禾铲草，铲草助禾，扶正压邪，压邪扶正，静心除欲，除欲静心，益阳剥阴，剥阴益阳。这正是反映了天道运行，阴阳造化，杀中含有生机，德中带刑的微妙玄理。龙虎分东西，即西之方主生中有杀，杀中含生之权；金木应否泰两卦，德里有刑，刑里带德之柄。凡物皆然，有多大的成功，就有多大的牺牲。刑中带德，德中带刑的这一规律，是天地十方万类生灵的必然旨趣。

二、水、火、土

为何将药物取名水、火、土呢？因为在炼丹过程中，元神本属阳，元精属阴，为了使其阴阳交合，故假借水、火、土来说明修炼功理。水、火本来相克不相容，但水火相济才有无限的生化妙用。怎样才能使二者交会？唯有真土方能使三性归一。水数一，火数二，加起来为三数；土为五数。水、火二者相交的关系，其实是金、木、水、火四象通过纵横排列而自然产生出相生相制，在相生相制中又产生相交相合而不舍离的相恋关系。何以知其然也？金生水，水生木，木生火，火生土，若只生不克，五行就会走向偏盛，阴阳两极，万物不生。孰知生中带克，克中含生。金能生水，金怕火克；水能生木，水畏土制；木能生火，木惧金克；火能生土地，火怕水淹；土能生金，土惧木克。由此可证：金、木、水、火相生相克中取其平衡，但相生中均不离土。从物象看，金、水、木、火、土为五种三家（金能生水，故金水为一家；木能生火，故木火为一家；土为一家）。从先天看，实则同源于一。

元神为阳似汞，故取火代之，元精为阴似铅，故取水代之。元神火与元精水的交会全依赖土为媒介。因此，炼内丹时将药物又以水、火、土作比喻。

水、火、土在修炼过程的不同层面中纵横交错，互为易位更名。

金、水二物在喻人身情性、魂魄时则为金、木；在喻人一身元精与元神时则为金、火；在喻人身真铅、真汞时则为金、水；在火候烹炼中则谓水、火。现将其易位更名细则分述如下：

甲、水、火、土三物之用

水、火、土三物（前边说过），可以用坎、离两卦综合之。

坎卦虽属水，但中间一爻为阳，故纳戊土；离卦虽属火，但中间一爻为阴，故纳己土。由此可见，坎离之中，水火之间含藏着阴阳二土。故本经讲的"二者以为真，金重如本初，其三遂不入，火二与之惧，三物相含受，变化状若神"，正说明水、火中含着真土的义理。

乙、水、火二物之用

水、火二物在奠基采药时不但易名为金、水，而且金、水二物同出而易名。金、水均在人身坎宫相为含生，互为体用，也就是铅中藏银，银出铅中，先后天互为辅助之意。故本经上卷中说："母隐子胎，水为金子，子藏母胞。"又云："金气亦相须。"均是阐明金、水相须为用的关系。

丙、金、水之用

金、水分坎、离，喻人身元精与元神以及喻作铅、汞而论修丹之理。金是坎中所生的一点真铅，借喻元精，水是离宫所产的一点真汞，借指元神，此两者是为修丹的唯一药物。在天则为日、月；在运化则为阴、阳；在地则为水、火；在人身则为元精与元神；在炼外丹则为铅、汞。修丹的唯一妙用就是使此两者平衡和合，相为制约，互为交会，直至达到和凝一体成就真丹。故本经上卷中说："以金为堤防，水如乃就游，金计有十五，水数亦如之，五分水有余，二者以为真，金重如本初。"同时又以金喻月、火喻日阐明修丹二者互为运用之关系，"金之为物，火愈炼而愈坚"。意即：金为月，月本有质无光，是借日之火方可生辉，既此日之火愈强，月之光必然愈显。从五行生克关系来讲，火能克金，丹道者，火克金是为修丹之妙用。故本经上卷中讲"金入于猛火，色不夺精光……金不失其重……金本从月生，朔旦受日符，金返归其母，月晦日相抱"。在炼丹的第一层次又将金砂并列，金喻铅，砂喻汞，纳入中宫文烹武炼，自然结成丹基，百脉调和，精神爽快。故本经上卷中说的"金砂入五内，雾散若风雨"者正指此而言，"金"又指炼成的丹。

丁、砂、银之用

伯阳祖师又恐后世不易掌握，故借炼外丹的朱砂与水银同入灰池之中，以火煅之，则白金浮起，而水银沉底的这一原理，来比喻金丹与元精同类合体，互为相因的关系。人身真铅通过久炼产生的精华，就是金丹。金之为物乃砂土中所产，而其禀质，实由砂中之水银得真气历久所化，此乃活水银汞也。而炼丹之法，用金砂水银同入灰池中以火煅之，则白色浮起，而水银沉底，此乃死水银铅也。故金之生成，皆禀于水银也。《金谷歌》曰："若要水银死，须先死水银，水银若不死，如何死水银。"亦是此义。

戊、木、水、火、土之用

木、水、火、土四类均在生克中而反伤本体。如木逢水虽得长生，但逢金之后，仍反伤自身；水遇金而长生，逢土倒受克制；火见木得生，逢水还是淹克；土虽能生成万物，遇木者仍可拘制。唯独金，逢水则沉，遇木则克，入火成器，得土长生，其三质永不变不败，因之称万物之宝。故本经中说："金性不败朽，故为万物宝，术士服食之，寿命得长久。"丹道则将炼成的"真丹"称"金丹"、"金华"者乃源于此。

三、土

甲、土在五行中的含义及作用

1. **土在五行中的生克作用**。土能生金，能克水，而与水合并之后又能生木。

2. 土旺四季。土虽能生金克水，但金、木、水、火均不离土，故土在五行之中有综合作用。

乙、土在丹道中的含义及运用

1. 土在丹道中仍为药物。土有阴阳之分，坎中的一阳为戊土，离中的一阴为己土。离宫之土代元神，坎宫之土代元精，二土交合方成真丹。

2. 土在人身为意。真意（万缘俱消，一念纯净）是为先天真土；思虑杂念，为后天之土。人身的元神、元精以水、火代之，水、火不能自济，必赖真土作媒介，方能交会。故本经讲的"子午数合三，戊己号称五，三五既和谐，八面定纲纪"及"水盛火消灭，俱死归厚土，三性既合会，本性共宗祖"，均是阐发水、火为金、木之子，而金、木均系土之所生。由此可证：金、木、水、火四象均以土为宗。又如人的喜应五行为火，怒为木、哀为水、乐为金。待人身的先天真意（真土）一静，则喜、怒、哀、乐寂然虚静。故丹道中常讲土能族五行、合四象者正指此而言。本经中说的"土旺四季，罗络始终，青白赤黑，各居一方，皆禀中宫，戊己之功"，亦是此意。

丙、土在烧炼外丹时的含义及运用

古人在炼外丹的理论上，借土为炉灶，又称土釜。它的用意是："烹炼药物，调停火候，均在炉灶土釜之中。"这种道理，仍依土在五行之中起着综合作用这一宗旨，故将土作为炼丹的炉。

日月

一、日月配元精与元神

人身的元精与元神交互运用，因在暗处，不易目测，更难操持，故借最鲜明的日和月来比喻。本经云："元精眇难睹，推度效符征，居则观其象，准拟其形容。"又云："悬象著明，莫大乎日月。"

二、日月互养之关系

日和月在太空之上，杳冥无涯，看起来相隔有不可度量的距离，两者像没有任何关系似的，其实不然，日和月的关系是很紧密的。上边已说过，月本有体无光，故月不借日光则不会生明。故本经云："日月相镈持，雄阳播玄施，雌阴化黄包。"

每逢晦朔之间，日播阳精射入月中，月放阴精包围阳精，相似雄雌交媾，一切生命皆萌生于此。修炼内丹的道理与此同途。日月相为交媾的情理，又可用坎离两卦说明其中的含意。坎属阴为月，坎卦中间一阳爻是应日精；离属阳为日，离卦中的一阴爻是应月精。人身元精与元神的交会亦是此。元精应月体，元神应日精，元精如不仗元神之阳精便不会发挥作用。

三、日月之借名

此外，前人因日月东升西降，昼夜往来，时刻移动，故借古传说中的几种动物拟名。

甲、金乌、玉兔

丹道中将日称金乌，将月命玉兔。将日称金乌是因古代传说中说日中有三足乌，故称"金乌"；将月命玉兔者，亦因古传说是月中有白兔，随之命曰"玉兔"。

乙、蟾蜍（金蛤蟆）、玉老鸦

玉老鸦即玉兔之别名。因月有质无光，故又名为蟾蜍。蟾又有瞻的含意，谓阴阳进退消长之节度可以由月的弦望盈缩中瞻视。兔又有"吐"的用意，谓日借月体方可吐出光华。所以，玉兔在此处又有日和月两用之借名。故本经讲的"蟾蜍与兔魄，日月气双明，蟾蜍视卦节，兔者吐精光"，正说明这个道理。

火候

　　火是烧炼内丹的唯一能源，无火其药不能成丹。做饭，灶下若无火，其水粮亦不能成饭。因此，要想内丹结成，必须先在灶下燃起火来。

　　候，即用火的度数，亦即程度。故火有文火、武火，它的度数，就是经中讲的"子进阳火，午退阴符"。

　　本经将火候以乾、坤、震、巽 、艮 、兑六卦喻作火候程序。将此六卦配合起来，其卦象好比一个风箱，其中的阴阳（奇偶）如同风箱中间的鼓风板，鼓风板因来回活动，就自然生出风来。火赖风力，风依火生，火愈旺而风愈强，风愈大而火愈旺，风火是同类。因此，六十四卦中，将巽和离二卦重叠起来称"风火家人"。震卦一阳爻上进，二阴爻消退，相似风箱内的鼓风板向前推进，兑卦二阳爻，一阴爻，相似鼓风板已推过半，是阳大于阴之象 。兑卦再向前推进，就成为乾卦，乾卦三爻俱阳，是为阳极，也就是鼓风板推向极点。在炼丹来讲，就是"午前三候"（进阳火）。巽卦是一阴上进，二阳消退，相似鼓风板向后拉。艮卦二阴一阳爻，相似鼓风板已拉过半，是阴大于阳之象。艮卦再向后拉，就成为坤卦。坤卦三爻俱阴，是为阴极，也就是鼓风板后拉到极点，在炼丹来讲，就是"午后三候"（退阴符）。此六卦中的爻象、阴阳、奇偶、相交、互变，也就如同风箱内的鼓风板来回活动，将周天火候的情理尽含于其中。

　　关于火候的运用：火候的运用及操持，大致可分采药、进火、退符、沐浴等几个阶段。这几个阶段也就是随着药物的生长，使之轻重缓急得宜地运用掌握。现分述试论：

一、采药

这个阶段又称筑基、炼己。其时是人身的药物将要产生还未产生的时候，此时正是炼丹的奠基，故谓筑基炼己。"己"者，土也，土者药物也。当是时也，药物正在孕育过程，丹药由此而产，故不敢操持过急，用之过猛，只需稳定保护。故本经中云："晦朔之间，合符行中，混沌鸿蒙，牝牡相从，滋液润泽，施化流通，天地神明，不可度量，利用安身，隐形而藏。"又云："象彼仲冬节，草木皆摧伤，佐阳诘商旅，人君深自藏。"这正说明人身坎离交媾，药物将产之际，药物的变化微妙，难以探测之时，应当稳定内藏，不敢轻举妄动，应等待时机的来临。故用一月的晦朔之间来比喻药物将产之际的情景。

二、进火、退符

进火退符可各分两个层次，小药用的是小周天的进火退符之法，大药用的是大周天的进火退符之法。

甲、小周天的进火退符之法

1. 进火：在人身坎离交会，药物产生之后，此为活子时，其药物由幼到壮，由弱到强，就逐渐在炉内长生。故《早坛·玉皇心印经》云："能知混合回风道，金鼎黄芽日日生。"当到这个阶段，则《参同契》用先天八卦、纳甲法来比喻阳升阴降的小周天进火程序。始于东北，箕斗之乡，旋而右转，呕轮比萌，潜潭见象，发散精光，昴毕之上，震出为征，阳气造端，初九潜龙，阳以三立，阴以八通，故三日震动，八日兑行，九二见龙，和平有明，三五德就，乾体乃成，九三夕惕，亏折神符，盛衰渐革，终还其初。"

2. 退符：进火到了三阳已足，卦象即成前体，月到了望日，阳极生阴，月盈始亏，这是自然之象，由此乾卦三阳可变为巽，故本经仍用先天八卦纳甲、阴升阳降来比喻小周天退符之法。"巽继其统，固济操持，九四或跃，进退道危，艮主止进，不得逾时，二十三日，典守弦期，九五飞龙，天位加喜，六五坤承，结括始终，韫养众子，世为类母，上九亢龙，战德于野，用九翩翩，为道规矩，阴数已讫，讫则复起，推情合性，转而相与，循环旋玑，升降上下，周流六爻，难以察睹，故无常位，为易宗祖"。

三、大周天的进火退符之法

进火：待至一周既毕，人身亥子之交，正子时到，大药将产，可用大周天进火符候。本经将大周天火候程序，以十二月卦，配合十二律，应十二个月及十二辰次作比喻，大周天的进阳火，也就是阳长阴消的过程。用十二辰讲，就是由子时进至巳时（子、丑、寅、卯、辰、巳）。在月来讲，就是由十一月进至四月。在卦来讲，就是由复历乾（复、临、泰、大壮、夬、乾）。在一月讲就是由初一至十五。此时斗柄指于巳方，律应仲吕，阳升到顶，旺盛至极，物极必反。

退符：物极必反，阳极生阴，势所难免，阳极就会导致阴气的来临。到这个时候，应退火进水，故称"退阴符"。在十二时辰，就是由午时退至亥时（午、未、申、酉、戌、亥）；在十二月讲，就是由五月退至十月；在卦讲，就是由巽历至坤；从一月讲，就是由十六退至三十日，此时斗柄指于亥方。关于火候之法度在本经下卷《鼎器歌》中另有交代，此处不必赘述。

药物剂量

前边已说过，炼丹如同做饭一样。做饭时水和粮要适当，炼外丹，铅与汞要相等；炼内丹，元精与元神要等量，火候要平衡。故本经讲的"上弦兑数八，下弦艮亦八，两弦合其精，乾坤体乃成，二八应一斤，易道正不倾"。这段经义，是借月象来比喻药物入炉之后，一则使剂量相等，二则让火候均衡。上弦的月是阳伸阴屈、魂进魄退、由阴变阳的过程，这时正是真汞产生的时候，急需采用真汞八两送入丹田；下弦月与上弦月相反，是阴伸阳屈、阴长阳消、魂进魄退、阳化为阴的过程。当到这个阶段，正是真铅产生之时，仍需急于采取真铅八两送入丹田与八两真汞混融，正好两者各八两，剂量相等，阴阳互交，魂魄相拘，坎离交媾，金水相须，此时自然丹田之内就产生大药。

其实修炼内丹只用金、木二物就可以全代，本经中说的这一段就很明显说明此一妙用。"以金为堤防，水入乃优游，金数有十五，水数亦如之，临炉定铢两，五分水有余，二者以为真，金重如本初，其三遂不入，二者与之俱，三物相含受，变化状若神。"故朱元育解释说："盖还丹妙用，彻始彻终，只此金水二物，建之即为炉鼎，采之即为药物，烹之即为火候，乃至抽添运用，脱胎神化，无不在此。"（《周易参同契阐幽》）

为什么要使金水二者相等呢？以坎宫十分之五的金为堤防，能控制元气不会外泄。以离宫十分之五的水为统摄，元精就不会走失。如果金过多，就会将元气破损，水如再大过于金，那么就会将火全部淹灭。这就无形之中形成阴阳偏盛，水火不调。因之，必须使二者相等、均衡。再通过土的媒介作用，金水二者不但互相存在，而且相互会合。

为什么在此处只谈金、水，不讲木、火呢？因为金、水是精魂，相似人身之形体，木、火是神魂，如同人身之影子，然形体（精魂）移动，那影子（神魂）自然形影相随。所以，从表面看来只讲了金、水，其实将木、火已包括其中了。

以上将金、水药物剂量相等的重要性已说过，此处再谈火候的均衡，金、水剂量相等入炉之后，必须通过真火的烹炼方能成为丹头。丹头贮在丹田之中，在此期间，需用的是烈火，即武火，鼎中的丹头会沸腾起来。待大药产生之后，可用文火温养，才能升腾出炉。所以，修炼内丹，不但要药物剂量相等，而且使火候轻重、缓急得宜，无论药物、火候都不宜有过或不及。

关于丹之命名

关于丹在丹经中的命名极多，在丹字的构形上，含藏着炉鼎、药物及火候和炼成的丹的全部意义。丹字的中间一横，将上下分隔，下半部是炉灶之法象，炉下空虚，是为燃火之处。上半部是鼎之法象，鼎中一点，在始炼之时可以将它说成药物。在炼成之后，可以说它是一丸丹。现将对丹的命名分别叙述于下：

一、真丹

因炼成的丹，其中没有丝毫虚假，确实可靠，故名"真丹"。

二、金丹

黄金逢水则沉，遇木则克，见火成器，得土则藏，不败不朽，永远如此，故在万物中最为珍贵，因之名曰"金丹"。

三、金华

人身坎中的一点元精，谓之金，通过人身元神交会烹调提炼出的精华就是丹，又曰"金华"。

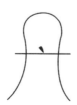

四、秋石

万物在天地阴阳运化中，通过节气的运度，冬发于根，春生于身，夏长于枝叶，而秋结成果实，因名"秋石"。

五、黄芽

将人身的元精与元神驱入炉鼎之内，依火候法度，文烹武炼，鼎内的药物就发生变化，此情景相似草木始生之时，由下向上渐生黄芽，因名"黄芽"。

六、黄举

谓药物入于鼎器之中，经火候伏蒸，其色变黄，形如车舆顺河车、沿黄道升腾旋转，故称"黄举"。

七、还丹

从卦象讲，乾坤为先天之拟体，坎离为后天之运用。将坎卦中爻抽出，添入离卦中爻，此时坎离两卦变乾坤，这就是抽坎填离、后天返先天的微妙玄机。东方木属性，西方金属情，后天之情本由先天性中而来。修丹的唯一妙用是用后天之情返归先天之性，也就是以金来归并其木，而性去统摄其情，复太初之本，还先天之原，因之称"还丹"。

八、灵丹

人身的元神与元精合凝炼成的丹，可通表里，能润肌肤，调理五脏六腑之寒热，能通七经八脉之滞碍，能消九窍百骸之障蔽，除邪恶、理正气，静动休息常与人俱，最为灵感，因称"灵丹"。

九、神丹

丹熟脱胎之后，聚而成形，散而成气，就像婴儿一样，四肢五脏筋骨俱全，入水不溺，入火不焚，能存能亡，能沉能浮，上能通入九霄，下能潜入地内，通晓往昔之夙因，能知未来之起伏，神通广大，故谓"神丹"。

十、内丹

前人炼丹分内外两种，采用草木山石做药物，在炉灶用火依法炼成的丹称"外丹"。以人身元精元气为药物，取法乾坤二象，以人身首腹为炉鼎，经人身先天真火文烹武炼而结成的丹称"内丹"。

自然界

一、十二辰的作用及目的

宇宙太空，冥冥茫茫，无有涯际，空虚寥廓，隐隐约约如同河流似的一条白带，俗称"天河"。其实这正是日月星辰运行的轨迹——"黄道"。古人为了探测日、月、地及星辰的运度，故将这一黄道带分为四面、八方。用八卦的四正卦（乾、坤、坎、离）分主东、西、南、北以应四时；用少阴少阳四卦（震、巽、兑、艮）分列四隅（东北、东南、西北、西南）以应二分二至。乾、坤、坎、离、震、巽、兑、艮为八个主卦，自然天体，四正面加四隅正好八方，一年的运度，四时加两分二至亦是八节。北极紫微位于中天之上，也就是在宇宙太空的这一大圆中心。再将八卦分纳十二次、十二支，用支随卦位分列四方，以应四时、四节、十二个月，将这一黄道带划分二十八个不同的部分，每一部分叫做一宿，一宿就是一小组的意思，故称"二十八宿"。将二十八宿亦分组四方，每方分纳七宿，这样就形成卦、星、时位的自然配合。二十八宿与十二辰的排次不同，二十八宿是逆时针向右转。十二辰顺时针向左转，二十八宿向东南起首，角、亢、氐、房、心、尾、箕七宿对应东方，东方属木，为阳，是为长生的一方。木为青色，其性端直温良，是祥瑞之征。此七宿合并起来像一条苍龙，故称"青龙"。斗、牛、女、虚、危、室、壁七宿居于正北，北方属水，为阴，是敛藏的一方。水为黑色，其性沉静阴险，好于潜藏。此七宿连接在一起，如同一只龟，故称"玄武"。奎、娄、胃、昴、毕、觜、参七宿处于西方，西方属金，金色白，其性凶猛强烈而好杀伤。此七宿连接在一起如同一只虎，故谓"白虎"。井、鬼、柳、星、张、翼、轸七宿位于正南，南方属火，火色红。其性轻燥炎上，好于飞扬，此七宿合并起来又如同一只飞禽，故称"朱雀"。周天众星亦随之分别四方，也就是根据所属分为二十八个群体。

月亮就是沿着黄道运转，它的运转程序是逆时针向右转（由西向东）。古人分列二十八宿的目的是为了观测月球的行度，也就是记录月球一月的所在位置；二是为了推历法和观测天象所设，故古人云："查列星可知四时，视月行而晓晦朔。"二十八宿既能作为确定历法的依据，又能反推出历法中的月份。

月行于天约二十七又三分之一天而一周，约日旅一星经二十七日，余而复抵原星，为记月亮每月所有位置，故取二十八宿之故。月满时太阳所在星区与之相差一百八十度而在朔时，月和日在同一位置，即经度相同，因而知道月的位置，就可推出日的位置。

二、岁星恒星之运度

岁星的恒星运行近十二年为一个周期，但不是整十二年，而是十一点八六年。岁星的恒星运行周期，每次都处在二十八宿中的若干星区的区域中，古人因之以岁星纪年，故设十二辰。

三、动植物与星运之关系

古人根据动植物的生、长、收、藏历程，用十二次分列一年之节气、月份。一年的二十四节气是与十二次相对应产生的。十二个月是因月亮的自然行度而来。在一年之中，恰恰月亮的行度为十二个朔望，一个朔望是三十天。同时太阳和月亮沿黄道运行一周即一年，每年二者会合十二次，也就是月亮运行到太阳与地球中间。同时每次会合都有一定的位置，分黄道周天，三百六十度对应三百六十天，十二段对应十二个月，每段三十度对应一月之数（三十天），因此，古人将天体划分十二个等分，即十二辰，以此纪年、纪月、纪日。

北斗七星每一昼夜围绕紫微星运转一周，斗柄每在黄昏时所指的方向，可以确定季节和月份。古人云："斗柄东指，天下皆春；斗柄南指，天下皆夏；斗柄西指，天下皆秋；斗柄北指，天下皆冬。"斗柄每在黄昏时指向的十二辰正是十二月建，每月虽以三十日纪月，但不是整数，即二十九天半稍多些，故大小月由此产生。为了取其平衡，古人分大月为三十天，小月为二十九天，其实均差半天。这种办法，虽在大体上看起来平衡，其实还有余数未尽，所以挤到三年用闰月解决，三年闰月还有问题，再用三年不见闰、三年两头闰的办法取其平衡。丹道就用此理设喻烹炼火候的升降妙用之法度。

河图与洛书

一、河图

《易传》曰："河出图，洛出书，圣人则之。"意即：相传伏羲时，龙马由黄河而出，背上旋毛似星点，排列有序。其形按四方、内外两层：内层，一在背后，二在前，三在左，四在右，五居于中；外层则六在背，七在前，八在左，九在右，十居中，五之外围。伏羲取法而生蓍法：

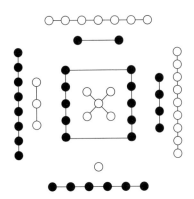

在图中的内外数点虽多，可只分阴阳、奇偶两类。奇数内空白点象征阳，偶数内实黑点象征阴。

一、三、五、七、九是奇数，均为阳，象征天；二、四、六、八、十是偶数，均为阴，象征地。阴阳奇偶，互交互感，以成宇宙万物的生化之道。一、二、三、四、五为生数，象征万物万事的生发之机，先居于内；六、七、八、九、十为成数，后居于外，象征着万事万物的成形。宇宙间无论大小、多少的每一种事物都先由内而始生。一奇之阳数始生于北内，二偶之阴数始生于南内，三奇阳数生于东内，四偶阴数生于西内，是为阴阳的内生之数。六偶之阴数盛于北外，七奇之阳数盛于南外，八偶之阴数极于东方，九奇之阳数极于西方。五为生数之终，为天地五行生化之本，而居中宫，以应四正。十为成数之尾，而抱于五外，象征天地万物终成之盛极，以统八方。由生成之数中可以看出，生数和成数分为阴阳，生数成数本身亦分阴阳。

再将奇偶之数按方位五行老少尝试论述：

一为老阳而居北，二为少阴而于南，三为少阳处东，四为少阴居西，东北两方属阳，故内居一、三奇数，均为阳，西南两面属阴，故二、四偶数均为阴。东南两方是万物生长之位，故少阴、少阳居之。西北二面是万物收藏之位，故老阴、老阳在位。以上是河图奇偶生成之数，分为阴、阳、老、少的四象方位。

再以河图方位配五行生成的次序而论之：

一奇属阳，是天，于北而生水；六偶属阴，是地，乃居北而成之。二偶属阴，是地，于南而生火；七奇属阳是天，乃居南而成之。三奇属阳，是天，居东而生木；八偶属阴，是地，乃居东而成之。四偶属阴，是地，居西而生金；九奇属阳，是天，乃居西而成之。这是河图中的奇偶、阴阳配五行的生成之道。由此可以看出："阳"天虽为生数，但脱离阴"地"不能生长。阴"地"虽能生长万物，必随阳"天"才能得成生长之功，故此图中标着内外、天地、奇偶、阴阳相恋相抱而互不相舍的生成关系。

河图配五行的相生妙用是，将河图从南北中分两半，东半边属阳。由北方天一生水起始，顺时针向左旋转，则水生东方木，木生南方火，火生中央土，土生西方金，金生北方水，如此，周而复始，循环不已，生化不息。

从河图内层生数与外层成数可以看出，事物均含着十五数及天地阴阳互为依辅的相互关系。

内层东三木和南二火（木火一家）相加为五数，西四金和北一水（金水一家）相加为五数，中宫土独为五数，此三个五数，相加为十五数，由这里可以说明：事物生数综合起来为三元数。

外层东八木和南七火相加为十五数，西九金和北六水相加仍为十五数，中宫生数、成数为十五数，由这里可以看出事物的成数各自本身含有三元数。由这两种数字看来，事物在未形成之前的生数，事物与事物混合为十五数，事物形成之后，事物本身各自含有三元数。由此图可以意识到天地、阴阳、奇偶、表里互为依辅生成的关系，有不可思议的妙用，同时含着事物的始生之数，是纯简、终成之数，是繁杂的意思。《易传》云："天一地二，天三地四，天五地六，天七地八，天九地十，天数五，地数五，五位相得而各有合，天数二十有五，地数三十，凡天地之数五十有五，此所以成变化而行鬼神也。"意即：一三五七九为奇数是阳（天），二四六八十为偶数是阴（地），奇数五位相加成为二十五，偶数五位相加而成三十，奇偶两者共为五十五数，说明阴阳奇偶之数相配合就有无穷无尽的变化及妙用。

天属阳，配河图为奇数，地属阴，配河图为偶数。天以奇生于前，地以偶成于后；地以偶生于前，天以奇成于后。天生不离地成，地成不离天生，天地相依，阴阳互施，奇偶相运用。其中的生化妙用，无不周备。

二、洛书

甲、洛书的来历

夏代大禹治水时，发现神龟由洛水而出，贝壳上有纹，分布有序，前九、后一、左三、右七、中五，是奇数，均为白点（属阳）；前右角二、左角四，后右角六、左角八，是偶数（属阴），均为黑点。图中黑白分明的阴阳之数象征着天地之数，大禹取法此图而始作《尚书·洪范九畴》。又有一说：《河图》、《洛书》同出于伏羲时代，夏人取法为《连山》，殷人取法为《归藏》。再根据《奇门》烟波钓叟曰：轩辕黄帝战蚩尤时，偶然梦天神授诀，登坛致祭后，将神龙负出于络水，彩凤衔图书于碧里，故命凤后演成文。其图分列九宫，其中奇偶阴阳之数的分布与洛书相同，其图如下：

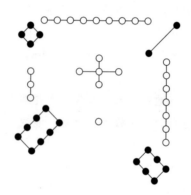

其诀为：戴九履一，左三右七，二四为肩，六八为足，五居其中。

《洛书》与《河图》阴阳奇偶之数的方位稍有不同，五行生克方位与《河图》亦有移动。水木虽居北与东未变，但内层的生数居于正位，而外层的成数移于西北与东北两角，西金、南火两者其方位与内外俱变。将西金四的内层生数移于东南，九的外层成数移于正南，将南火二的内层生数移于西南，七的外层成数移于正西。按《河图》的五行生克关系来看，《洛书》的排列是逆，即逆时针向右旋转，恰恰是五行相克。北一六水而克西二七火，西的二七火则克南的四九金，南的四九金而克东的三八木。洛书的排次是将《河图》西之金的四九移于南为火。将南之火二七移于西为金，照这样变动后，顺时针向左旋转，仍为五行的顺生关系。

乙、九宫的造法

1. 把 1~9 这些数字依次序从上到下排成三行：

1	2	3
4	5	6
7	8	9

2. 再把这个数阵以 5 为原点顺时针方向旋转 45 度：

$$1$$
$$4 \qquad 2$$
$$7 \qquad 5 \qquad 3$$
$$8 \qquad 6$$
$$9$$

3. 把数阵的四个偶数向外移，使其与中央 5 的距离各加一倍。即成一新的数阵。

4	1	2
7	5	3
8	9	6

4. 最后把各边上的四个奇数相对换，即成九宫图：

4	9	2
3	5	7
8	1	6

丙、九宫图的数学意义

1. 隔 5 相对的数之和都等于 10，加 5 为 15，个位数是 5

$$4+5+6 = 15$$

$$3+5+7 = 15$$

8+5+2 = 15

9+5+1 = 15

2. 横向数之和为 15，个位数是 5

4+9+2 = 15

3+5+7 = 15

8+1+6 = 15

3. 纵向数之和等于 15，个位数为 5

4+3+8 = 15

9+5+1 = 15

2+7+6 = 15

丁、三天两地的根由

《易·说卦传》中云："圣人之作易也，幽赞于神明而生蓍，三天两地而倚数。"以蓍卜卦，象源于数，数都由 352 演生而来。因为 1 最小，又最大，包容一切，象混元未破之本体，不成斗争，故不参与变化。能产生变化的最小的数字，阴为 2，阳为 3，2 与 3 的组合，形成四象。三个 2 成为 6，是老阴；三个 3 成为 9，是老阳；两个 3 一个 2 为 8，是少阴；两个 2 一个 3 为 7，是少阳。卦象由此而成。天为阳，奇数象阳；地为阴，偶数象阴。故曰"三天两地"。以 3 与 2 代表天地二象，阴阳二气。

戊、九宫图与太极图

九宫图与太极图，一个是数阵，一个是图像，一个呈方，一个呈圆，看似无缘，实有对应，若将九宫图中的阳数用弧线连接起来，便是太极图的雏形。

只用奇数，不用偶数，因为阳主显扬，阴主伏藏，阳物可睹，阴物不见。阴阳名虽为二，实为阳体一物，事物的生死过程只是阳气的消止过程，但通过阴阳和合产生出来的万物，各自本身存在着阴阳两个方面，事物之间亦分阴阳两类。

　　总之，《河图》中所排列的数字是相加而成。木火生数相加为五，金水生数也相加为五，土自成五。木火的成数相加为十五，金水成数相加为十五，土的生成之数相加为十五。

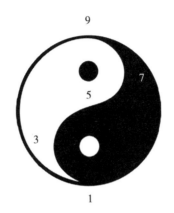

　　《洛书》的排列是错、纵、横向三数相加而成十五数。《周易参同契》中所述的"子午数合三，戊己数称五，三五既和谐，八面定纲纪"，"三性既合会，本性共享祖"，"三五并为一分，都来归一所"。"三五与一，天地至精，可以口诀，难以书传。""七八数十五，九六亦相应，四者合三十"，"金计有十五，火二与之俱，三物相含受，变化尤其真"。将攒五行合四象，使水火土三家相见之后结圣胎、产婴儿的微妙玄机，以及"九还、七返、八归、六居"，返性归原的妙用真谛尽含于《河图》、《洛书》的内外生成之数，上、中、下及左、中、右、错、纵、横相加而得的三五大数之中，同时把子午易位，阴阳颠倒，水火既济，神精合凝，及卯酉倒转，金木交并，龙虎降伏，魂魄相拘，返情归性的还丹之奥秘尽设于《洛书》戴九履一、左三右七的互施之中。

上

篇

大易总叙章第一

乾坤①者，易之门户②，众卦之父母③。

【注解】

①乾坤：是六十四卦的根源，天地阴阳的总体。

②门户：是天地间品物万类的造化之枢纽，生杀之门户。

③众卦之父母：坤☷得乾卦一阳，为震☳为长男；坤得乾卦第二爻，为坎☵为中男；坤得乾卦第三阳爻，为艮☶为少男。乾卦得坤卦第一阴爻为巽☴为长女，乾得坤卦第二阴爻为离☲为中女，乾得坤卦第三阴爻为兑☱为少女，这为八个主卦。八个主卦相重起来就变为六十四卦。

【释义】

《易》曰："乾坤，其易之温邪，乾坤成列，而易立乎其中矣；乾坤毁则无以见易，易不可见，则乾坤或几乎息矣。"乾坤为宇宙之体，天地为乾坤之象，动静辟阖，广大悉备，统摄万类，乾天属阳在上，坤地属阴在下，天地上下陈列之后，其阴阳变化之道，自然运行于其间。如乾坤毁，阴阳的变化之道就不会存在。同样，阴阳运行之道不存在，乾坤亦随之消失。天地之间品物万类就因有阴阳的消息进退，才有升迁变化、成败盛衰。既此，万物的生死存亡皆来于天地阴阳。因此说："乾坤者，易之门户。"乾（阳）坤（阴）互为运用，就自然产生出兑、离、震、巽、坎、艮六卦，加乾坤两卦，共为八卦。这八个主卦互相重叠起来，就成为六十四卦。每卦由六爻组成，六十四卦共计为三百八十四爻。爻分奇偶两类，奇为阳属乾，偶为阴属坤，由此可证，六十四卦以及三百八十四爻均由乾坤两卦衍化而来，故曰"众卦之父母"：

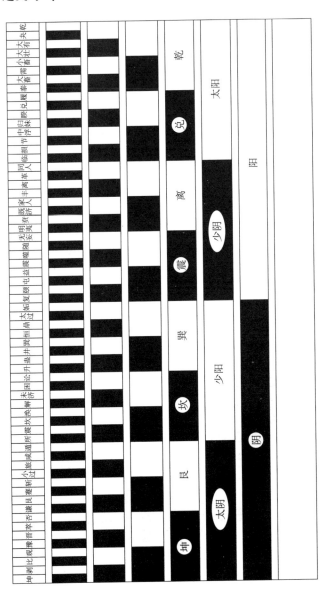

本经开宗明义，首以安炉立鼎法乾坤二卦来阐明丹道之要领，乾为天在上，应人身则为首心泥丸（上丹田），丹道称之月窟；坤为地在下，应人身则为腹部（下丹田），丹道谓之天根。修丹的起首必以泥丸月窟为鼎，下丹田天根为炉，人身的元精与元神（药物）就潜藏于此二处。药物在于鼎炉之内，通过文烹武炼之后，就在此处结成丹。故《悟真篇》云："先把乾坤为鼎器，次搏乌兔药来烹。"由此可证，前人取法乾坤二象，安炉立鼎为修炼之首要条件。

坎离①匡郭②，运毂③正轴④。

【注解】

①坎离：坎离两卦在天为日月，在地为水火，在方位为东西，在自然界为阴阳之用，在人身则为元精与元神。

②匡郭：即"垣郭"。外为垣，内为郭。

③毂：车轮中心的孔眼。

④轴：即车轴。

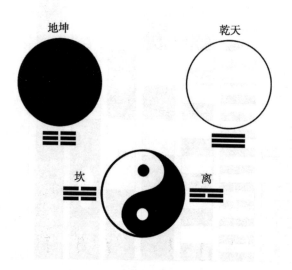

【释义】

乾卦纯阳，坤卦纯阴，坎卦阴中含阳，离卦阳中藏阴，此为牝牡四卦，乾坤是阴阳之体，坎离是阴阳之用。故此四卦统摄天地阴阳之造化。

"乾坤"两卦为阴阳主体，"坎离"代表水火，为阴阳之用。乾为天在上，坤为地在下，坎与离象征日与月，往来运转于东西。坎，外阴内阳，象征车毂中间的毂。离，外阳而内阴，象征车毂承受的轴。

坎离两卦合并在一起相似车毂和车轴。内外阴阳，相为利用，互为承受，因此说"匡郭"，上下运转不离中枢，因此又说："运毂正轴。"天地之间的万事万物，均由阴阳升降，坎离互为匡郭，相须运用，进退往来，消息盈虚以定生死存亡、成败盛衰。故乾坤坎离四卦为自然界之总括。就人身修炼而言，乾与坤似鼎炉，坎与离为药物。乾坤坎离四卦为丹道之纲要。无论千经万卷将鼎炉药物假名易号，其中的妙谛莫不过如此而已，此四卦是修炼内丹的总纲，不可轻视，须谨言慎行。

牝^①牡^②四卦，以为橐^③龠^④，覆冒^⑤阴阳之道，犹工御^⑥者，准绳墨^⑦，执御辔^⑧，正规矩，随轨辙^⑨，处中以制外，数在律^⑩历^⑪纪^⑫。

【注解】

①牝：雌性。

②牡：雄性。

③橐：有底无孔曰橐。

④龠：有孔无底曰龠。

⑤覆冒：包裹统摄之意。

⑥工御：驾驶。

⑦绳墨：木匠用以直木的工具，在此处当作法度、准绳讲。

⑧御轡：马嚼子。

⑨轨辙：行车的轨道及辙迹。此处当法则讲。

⑩律：用金属管或竹管做成定音或测量气候的仪器。在此处当调理控制正音讲。

⑪历：推算日月、星辰、节令、气候的方法。在此处又当日月气节时令的程序。

⑫纪：头绪、治理、综理、法度准则。岁、日、月、星、辰、历数皆称纪，古代计年的单位，十二年为一纪，一纪为一世。

【释义】

此节经义紧接上文，上文以乾坤两卦的阴阳之体作为炼丹的鼎炉，以坎离说明阴阳之用，比喻为炼丹之药物，六十四卦除乾坤坎离四卦外，其余六十卦不是阳上阴下便是阴上阳下，就因有上下之不同，故有纵向之变更。如震卦倒转可以为艮卦，相反艮卦可以变化震卦。其他五十九卦亦是如此，唯有乾、坤、坎、离四卦不变，乾坤是天地，坎离是阴阳，由此可以说明品物万类均在天地阴阳的运化中。盛衰成败，生死存亡，变幻无停，唯有天地日月经常有定，气数盈虚亘古如此，也就是岁月时令、春夏秋冬、寒热温平之推移的阴阳消长之理永远不变。

乾卦纯阳，故称牡；坤卦纯阴，故称牝；坎卦阴中含阳，离卦阳中藏阴，此二卦是阴阳相交之卦。所谓牝牡四卦者，正指纯阳纯阴的"乾"、"坤"和阴阳相交的"坎"、"离"而言。天地者，为乾坤之象，天地包罗于外，日"离"月"坎"往来于天地之间，万物的生杀之机，由是而定，爻相变化由此而始，岁时节候，由此而分。此四卦统摄阴阳，包罗万象。人身的元神真气，本来循轨而行，因后天的情欲牵扰故失常规。修炼内丹的元阳真气仍复正轨，故本经将修炼功法用驾驭来形容，专心致志，聚精会神抓紧马的嚼子，守着法度，顺着正道和规矩，随着轨辙向前行驶，以此内守而外气自然制服。这样就如历法那样准确而有规律，并有头绪。

月节①有五六，经纬②奉日使③，兼并④为六十，刚柔有表里。

【注解】

①节：五日为一候（一日十二辰，五日为六十辰，六十辰正好天干与地支一周，故为一候），三候是一气，三气是一节，二节为一时，四时为一岁。

②经纬：即纵向和横向。如路之南北东西，织布有经纬线。炼丹运火符则以年为经、月为纬，此为大周天。以月为经，日为纬，此为小周天。

③奉日使：年与月的积成，皆是由一日一日积累起来的。使即指使、支配。

④兼并：合并之意。

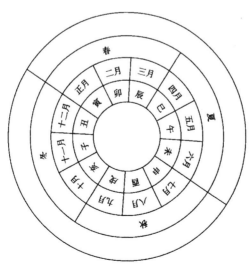

以年为经、以月为纬，为丹道之大周天。

【释义】

本书在论述周天火候时，是以六十卦分列三十日，一日两卦分朔旦与昼夜，从屯、蒙起至既济、未济止。卦象倒转，昼夜反复，一月有六节，一节为五日，五日正好六十时，一岁是由三百六十日积成，一月是由三十日计。由此可知，岁月均因日辰积累所成，非但岁月如此，月的亏盈仍奉日光的使命方显圆缺。

一月三十日，每天分晨昏各一卦，合并起来共六十卦。卦有阳有阴，爻有奇有偶，阳卦奇爻为刚，阴卦偶爻为柔，外卦为表，内卦为里。

朔旦屯①直事，至暮蒙①当受，昼夜各一卦，用之依次序。

【注解】

①屯蒙：此两卦按《易·序卦传》的排次六十四卦（除乾坤两卦外）的起首。

【释义】

此节经义是论述小周天功法，每月初一的早晨用屯卦当直，夜晚用蒙卦当直。屯卦☳☶的卦象倒转，恰为蒙卦，由此说明，修炼之功法，有昼夜不同。三十日的早晨用既济卦当直，夜晚用未济卦当直，既济卦倒转仍为未济卦。屯卦代表阳，阳从内生为白昼，应时令为春夏，蒙卦代表阴，阴从外降为夜晚，应时令为秋冬。一月三十日，昼夜各用一卦，六十卦合并起来恰应一月之数，循序轮流一周六十卦从头开始，一月由朔旦相应，依次又是一个新的周期。

既①未②至晦③爽④，终则复更始⑤。

【注解】

①既：既济卦。

②未：未济卦，是六十四卦中的最后两卦。

③晦：月底。

④爽：清晨。

⑤更始：另外一个周期。

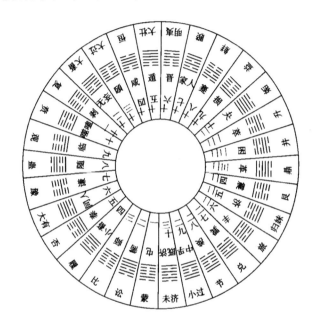

【释义】

　　此节经义紧接上文而继续讲周天火候，每月月底配的既济、未济两卦至月初又复转为屯蒙两卦，经中讲的"终则复始"，即是此义。《龙虎经》云："变化既未神，终则复更始。"

　　由朔旦开始至晦爽为一个周期，昼夜各用一卦，共为六十卦，配有三十日为一月之数，以此图设喻小周天。

　　日辰[①]**为期度，动静有早晚。春夏据内体，从子到辰巳，秋冬当外用，自午讫戌亥。**

【注解】

①日辰：即日所临之时辰。年则十二月建，日则十二时辰，是确定动静早晚的时间尺度。在丹道讲，"日"是火，"辰"为候，也就是进火退符的时间尺度。

【释义】

一年有十二月，一日有十二时辰，丹道以自身日所临之位是用火行符之度。早晨日出为阳应动，晚昏日入为阴应静。

春夏二季，阳气由下向上散发，草木随之由内向外生长，以此比喻炼丹时的进阳火，从一日来讲由子时而顺行至巳时六个时辰（子丑寅卯辰巳），从《河图》内外生成之数讲，则一二三四五为五行的内生之数，是借据内阴向外阳生发。因此说："春夏据内体。"秋冬二季由外向内收敛，草木随之由外向内收藏，以此比喻修丹的退阴符。从一日来讲，由午时顺行到戌亥六个时辰（午未申酉戌亥），从《河图》讲则六七八九十为五行外成之数，是外阳附内阴而成就。因之说："秋冬当外用。"又如一日之内，昼夜各用一卦，一卦六爻，两卦十二爻配十二辰。如早用屯卦䷂，晚用蒙卦䷃，正好早用之内卦是晚用之外卦。此亦内体外用之意。

赏罚①**应春秋，昏明**②**顺寒暑，爻辞**③**有仁义**④**，随时**⑤**发喜怒**⑥**，如是应四时，五行得其序**⑦**。**

【注解】

①赏罚：春气为阳主发生故谓赏；秋为阴主肃杀故谓罚。

②昏明：暮晚和早晨。

③爻辞：说明卦爻要义的文辞。

④仁义：在此处仍指阴阳而言，阳爻刚故为仁，阴爻柔故为义。

⑤随时：顺应季节。

⑥喜怒：文火、武火。

⑦序：即程序。

【释义】

此节经义仍论述周天火候，上文是以月节集三十日，昼夜各一卦，日用两卦，六十卦配三十日而喻设小周天火候，将进火退符之意以经纬、刚柔、表里、朔旦、昼夜作喻。

本章是将大周天火候以时辰为限度，仍将进火退符以动（进火）、静（退符）作比喻。将进火退符的程序分早晚、春夏、秋冬，以子、丑、寅、卯、辰、巳六时为进阳火的历程。以午、未、申、酉、戌、亥六时为退阴符的历程。将进阳火和退阴符的方法以"赏罚应春秋，昏明顺寒暑"做提示，这和《龙虎经》中说的"水火各一方，守界成寒暑"是同一道理。将把握火候的技艺以"爻辞有仁义，随时发喜怒"做论述。

此章经义是本经之大纲，上篇之总括。首以乾坤两卦，喻为炼丹的鼎炉，次以坎离两卦比作炼丹的药物，将修炼功法以驾驭车马来形容，将火候运度，以律历作为尺度，非但丹道以此为纲领，自然界的运化之道亦如是矣。历四季、八节、二十四气，明生岁成，万物随之长生、收藏，仍是由阴阳之体的乾坤、阴阳之用的坎离（月）、离（日）而统摄。将大、小周天火候用年的始终、月的晦朔、日的晨昏，说明丹道之功法。由"月节有五六"句开始至"终则复更始"止，这一节共计十句，是一月三十天，五日为一候，而六候为一月。又以月为经，以日为常，结合六十卦的卦象及爻画兼并，配合于昼夜之中。由朔旦至晦爽，循行三十日配六十卦为周期，以此比喻修丹的小周天火候。

由"日晨为期度"句开始至"五行得其序"句止，这一段共计十二句，是用一年的春、夏、秋、冬四季十二月，以年为经、月为纬，论述大周天火候，春、夏为阳主升，由子月历至巳月，草木从内向外生发，秋、冬为阴，阴主降，由午月历经亥月，草木从外向内敛藏。遵循时令，掌握温凉，分辨内外，调其寒热，五行应五方、顺五季而自然得其次序。总之，本章是以年、月、日、时之节候作比喻，阐明丹道火候之程序。关于丹道火候之程序，在本经后边还列有详细的解释，此处只谈概略而已。

此章经义是纯论坎离药物与进火退符的相互关系。同时提示修炼者对坎离药物在炼养过程中发挥的作用。

乾坤设位章第二

天地设位，而易行乎其中矣，天地者，乾坤之象也；设位者，列阴阳配合之位也。易谓坎离，坎离者，乾坤二用，二用无爻位，周流行六虚[1]，往来既不定，上下亦无常，幽潜[2]沦匿[3]，变化于中，包囊[4]万物，为道纪纲[5]。

【注解】

①六虚：从卦爻讲，即六个爻位；从宏观宇宙讲，则是上下四方的六个方隅。

②幽潜：深伏。

③沦匿：隐藏。

④包囊：包罗，裹括。

⑤纪纲：要领。

【释义】

在未有天地之先，谓之混沌，当是时也，无上无下，更无有东西南北和日月星辰，在混沌初开之后，乾坤定，两仪生。乾属阳在上为天，坤属阴在下为地，一阴一阳互为交感，天上地下相为依辅。此种现象从表面上看是对立的，但内含着统一。天地阴阳其体其性既对立又统一，但生化出的万事万物亦即对立统一。这种对立统一的消息盈虚互为转化的表现形式及作用，谓之易。本章起首讲的"天地设立，而易行乎其中矣"正是此义。

上篇首说过乾坤是阴阳之体，坎离为阴阳之用，乾坤之象是天地，坎离之质是水火，坎离为乾坤二用，二用没有一定的位置，阴阳的进退升降，变幻无端，在上下四方中普遍流动，可上可下随往随来，深藏隐匿，无有行迹，奥妙莫测，包罗万物，囊括一切，是宇宙的准则，品类的纲要。本经用此义来发挥坎离在丹道中的妙用。前面说过坎离在丹道则为药物，药物在人身则为元神及元精。元神属阳，元精属阴，此二者在人身亦上下随火候前升后降运行于六候之中。始采为药物，终成为内丹，均是元精和元神的作用，因此说"为道纪纲"。

以无制有，器用者空，故推消息①，坎离没亡。

【注解】

①消息：消灭、增长。

【释义】

上章讲的坎离为乾坤二用，二用无有定位，无处不在。此章讲的"坎离没亡"，由此可见，此两章是论述坎离二者在自然界及丹道中的妙用。老子曰："故有之以为利，无之以为用。"它是说：宇宙间的一切事物都是以功能支配和控制形体而存在。功能即"无"，形体即"有"。《龙虎经》云："有无相制。"从有生命的东西来讲，即精神支配着形体，精神是"无"，形体是"有"。从国家及团体讲，仍是以治理方式支配着国家和团体趋向。治理方式是"无"，国家与团体是"有"。"有"、"无"相为利用的关系，犹如盛物的器皿一样，器皿的周围是"有"，中空是"无"，"无"才是器皿的实用。本经引此意来阐发丹道的坎离药物之妙用，精气是"有"，神是"无"，所以，以神"无"可以制约精气"有"。无论是进阳火（息）或是退阴符（消），均须以无形的心神驾驭、支配有形的精气。此章讲的"故推消息，坎离没亡"的中心意思是说：无论在进阳火还是退阴符时，药物（坎离）虽然无形，但在中间起着作用，而不是进火退符"坎离"就消亡了，或者不顾它了。这种意思就是丹经中常讲的

"勿忘勿助"。在进火退符时，坎离药物的作用很明显，自然不会忘的，因为进阳火，火属阳是离；退阴符，阴属水是坎，其实进火退符正是药物（坎离）起着它本身的作用。如年之春、夏、秋、冬、寒、热、温、凉之气节显明，百物长生，收藏之形象彰著，事物之成败盛衰昭明，这些均为有形有象可以睹视，但咸仗着周流于六虚之间、沦匿于三极之内无形的阴阳二用所运化。丹道同然，取乾坤为鼎炉，为体；法坎离为药物，为用。人身的阴阳亦循行于上下，往来于鼎炉，有无相于利用，互含灵株，调养子株，圣胎由此而始胚，内丹由此而结成。

伯阳祖师唯恐后辈不得其法，拘泥一端，故以造机械的方式作喻来阐明丹道之理。机械是由一件一件装配而成的，修丹是一层一层、一步一步进入的。前以乾坤为鼎炉，次以坎离为药物，再以年、月、日运度说明火候之运用，后以说明药物之作用，此处又恐拘匿坎离药物之内，故又说坎离药物交会还须土，才能发挥它的作用。这正是节节有序、步步有法，一层一层地将修炼功法向人们交代。

言不苟造[①]，论不虚生[②]，引验见效，校度[③]神明，推类结字[④]，原理为证[⑤]，坎戊[⑥]月精，离己日光，日月为易，刚柔相当；土旺四季，罗络[⑦]始终，青[⑧]赤[⑨]白[⑩]黑[⑪]，各居一方，皆禀中宫，戊己之功。

【注解】

①苟造：无据编造。

②虚生：凭空想象。

③校度：依法则计算。

④结字：构造。

⑤证：验证。

⑥坎戊，离己：八卦纳甲，坎卦纳天干的戊，离卦纳天干的

己。戊土为阳，己土为阴。

⑦罗络：包括。

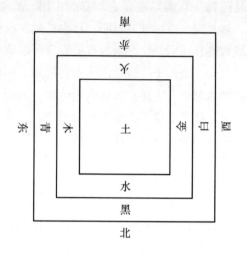

⑧青：东方木。

⑨赤：南方火。

⑩白：西方金。

⑪黑：北方水。

【释义】

古人传授炼丹的口诀不是凭空妄谈。《龙虎经》云："诀不辄造，理不虚拟。"如依法修炼，久持不懈，必见功效，遵法照行，定能达到神明的境界。这些修炼方式类似一个机械，一件一件构造成的。只要沿着路径走，可在实践中一步一步地验证。进火退符虽是药物的作用，但是（坎离）药物的配合全赖于土，坎虽属阴为月，但中纳的戊土一阳，是发源于乾，这是阴中藏阳的表现。月本有质无光，借日中的真阳方可生辉。因此说："坎戊月精。"离虽属火为日，日光与月精交会后，阴阳配合，它自然就发生变化，因此故谓易。木（青）、火（赤）、金（白）、水

（黑）皆有相应的季节。如木旺在春死在秋，火旺于夏而绝于冬，金旺在秋死于春，水旺在冬绝于夏。唯有土在每季后一月十八天的一段期间为土旺，因此说，"土旺四季，罗络始终"。同时木、火、金、水这四种物质，皆仗于土。木非土不长，水无土泛滥，火离土不燃，金非土不生。木金列东西而相制，水火分南北而相克，土居中宫，能综合四象。对修丹来说，更重要的是调和水、火，使水、火既济，融合金、木，使金、木相恋，这为修丹的唯一要领。经中说的"青赤白黑，各居一方，皆禀中宫，戊己之功"，正是说的坎离交会、四象和合，均赖中宫真土之功能。

此章首先借天地位于上下之后，其中自有阴阳造化的道理。比喻丹道，鼎炉建立之后，其药物随火候仍自有运化之妙。同时阐明在运火行符过程中，不可忘记药物。章尾说明中宫戊己在丹道中的重要性。

日月悬象章第三

易者象也，悬象著明，莫大乎日月。

【释义】

《易》曰："悬象著明，莫大乎日月。"意即：宇宙之间的阴阳变化之道总称"易"，其"易"之形象，最显著的是日和月。本经引此意来发挥人身阴阳的运化之道，最明显的是元精与元神。

穷神以知化，阳往则阴来，辐辏①而轮转，出入更卷舒。

【注解】

①辐辏：是车辐聚集的方式。

【释义】

日月往来于黄道之上，一出一入，迭为上下，互为卷舒，昼夜循环，犹如车轮之运转，无有休止。本经用此意阐明人身的阴阳运行之道，与天地同样。《易》曰："神也者，妙万物而为言者也。"万物在日月运行之中，长生收藏，自然而然，神妙至极，不可思议。穷其人身中的日月运行之道，仍犹车轮一样，一上一下，运转于鼎炉之内，一卷一舒，往来于天根月窟之间。

易有三百八十四爻，据爻摘符，符①谓六十四卦。

【注解】

①符：配合。在此处指由三百八十四爻相为配合成的六十四卦。

【释义】

修炼者，应推究人身的一阳产生之期，正是内丹的立基，也就是采药的良机。六十四卦，每卦六爻，相加为三百八十四爻，由这些不同的爻象，配合起来就成为六十四卦（符）。

晦至朔旦，震来受符①，当斯之际，天地媾其精，日月相担持②，雄阳③播玄施④，雌阴⑤化黄包⑥。

【注解】

①符：这一符字，在此处当信验讲。

②担持：担同探，抱持的意思。

③雄阳：指日。

④玄施：阳气（精）。

⑤雌阴：指月。

⑥黄包：阴气（精）。

【释义】

晦朔之间，日月合璧，阴阳相交。震卦一阳始生于下，这正是人身一阳来复的信验。天地阴阳之精气交媾，日月相为抱持，此时日播阳精射入月中，月放阴气，包围日光之外，如同鸡蛋一样，阴阳两相交合，天地的化育之功能由此而流行。

混沌相交接，权舆①树根基，经营养鄞鄂②，凝神以成躯，众夫蹈以出，蠕动③莫不由。

【注解】

①权舆：植物萌芽的状态，引申为事物的开始。

②鄞鄂：根蒂，借指胚胎。

③蠕动：指有生命的一切。

【释义】

当是时也，相似混沌状态，一切生命的根基都隐含于此。阴阳之气含养着生命的根蒂，修炼内丹的胚胎亦在此时此刻。即使是天地间有生命的一切，其形质性体，无不禀赋于此。

此章以悬象著明的日月运行之道为例，穷知人身造化之理，次以天地媾精、日月合璧、阳施阴化、孕育万物的开始来证明丹道神气相纽、二气交感、内丹真种始结的肇迹。

圣人上观章第四

于是仲尼赞鸿蒙^①，乾坤德洞虚，稽古^②当元皇^③，关雎^④建始初，冠婚气相^⑤纽，元年^⑥乃芽滋。

【注解】

①鸿蒙：混沌初开。

②稽古：考古，即追溯上古之意。

③元皇：是由开天辟地以来最早的元皇，即盘古氏。

④关雎：《诗经》第一篇名，首句说"关关雎鸠，在河之洲"，是描绘少男少女在未婚之期，情意相投、相为恋爱的情景。此处引伸为阴阳相合之意。

⑤纽：交接。

⑥元年：开始的一年。

【释义】

此节经义是以孔子赞美天地始判、阴阳肇分的太初之时和《尚书》中说的稽古，追溯到开天辟地的时候及《诗经》中讲的关雎涉及人类得情性之正、立人伦之始，以及古代纪年的开始——"元年"来证上文所说的"晦至朔旦，震来受符"，天地媾精，日月合璧，二气交感，孕育着万类之情景，进一步以此发挥丹道神气相纽，内丹的真种由此始生的征信。

圣人不虚生，上观显天符^①，天符有进退，屈伸以应时，故易统天心^②。

①天符：指自然界的阴阳运行之道，丹道则为药物的生长征信，又为火候之运度。

②天心：中天之上，紫微星所居之位。

【释义】

古人不是凭空说话，必依着天地阴阳运行之道，来证实一阳来复之信验。故《龙虎经》云："玄女演其序，戊己贵天符。"正如《阴符经》说的"观天之道，执天之行"，天符顺着阴阳进退伸屈，其寒暑随着日月之出而往来，万物应其时节，自然而然有条不紊，天地万物的变化，无不以此为信验。阳往阴来，周而复始，正如周天众星围绕中天之位上的紫微旋转一样，四时八节，二十四气，自然有序。此谓："天心。"

☰☷复卦建始萌，长子继父①体，因母②立兆基③，消息应钟律，升降据斗枢④。

【注解】

①父：指乾卦。

②母：指坤卦。

③兆基：开始立基。

④斗枢：北斗星的斗柄。

【释义】

品物万类，皆由阴阳进退伸屈之道来统理。复卦的初爻一阳产生，这正是万物出生的反映。复卦的初爻一阳是从乾卦来，乾为父，所以说，它继承父体，为长子，复卦的构成是：上为坤，下为震。八卦在人物的排次是：坤为母，震为长子，震卦的一阳初生如同胎儿出现，由母哺育一样，才得以长大成人。因此谓："因母立兆基。"这就如同天道虽能生万物，可是全赖地德来养育一样。

三日出为爽①，☳震受庚西方，八日☱兑受丁，上弦②平
如绳，十五乾体就，盛满甲东方。

【注解】

①爽：平明。

②上弦：初八日的月象，也就是月象的上半圆。

【释义】

此节经义是用先天八卦纳甲比喻小周天火候，根据"天地胎
育"结合月象的晦朔弦望、出没方位的情景，把十天干分纳于八
卦之中。月的晦朔弦望，出没时间，大致分为六个阶段，由初三
月始出于西方，西方为庚辛金，震卦一阳始生于下，故震纳庚于
西。初八日黄昏时，月在正南丁位，其阴阳各半，所以兑卦纳丁
于南，十五日黄昏时，月出东方甲位，阴尽纯阳，故乾卦纳甲于
东方，由初三日起，历初八到十五为午前三候。

蟾蜍①与兔魄②，日月气双明，蟾蜍视卦③节，兔者吐生
光，七八④道已讫，曲折低下降。

【注解】

①蟾蜍：是指月的形体，即金精。

②兔魄：月中的玉兔为木气，是月的光华。

③卦：以卦象定节气。

④七八：每月的十五日。

【释义】

这节经义和《龙虎经》讲的"坤初变成震，三日月出庚，
东西分卯酉，龙虎自相寻，坤再变成兑，八日月出丁，上弦金半

斤，坤三变成乾，十五三阳备，圆明甲东方，金水温太阳，赤水流为汞，姹女弄金铛，月盈自合亏"，和《悟真篇》讲的"南北宗元翻卦象，晨昏火候合天枢"是同一道理。月体蟾蜍，借日吐光，故月单独不能生明，日月互依方可生辉。因此说："蟾蜍与兔魄，日月气双明。"由蟾者还有瞻视之意，是说日月的亏盈，可以由卦象的阴阳消长之节候瞻视。每月十五，月圆至极，阳极生阴，故盈向亏转发，是阳气曲折下降之势，故谓"七八道已讫，曲折低下降"。

十六转受统①，☴巽辛见平明，☶艮直于丙南②，下弦二十三，☷坤乙三十日，东北丧其朋，节尽相禅与，继体复生龙。

【注解】

①统：总摄。

②直：同值。

【释义】

上节讲的是午前三候（进阳火），此节是讲午后三候（退阴符）。阳极生阴，月盈则亏，日中则昃，是自然之势，所以由每月十八日的平明月的下弦始亏，巽卦一阴始生于下，故巽纳辛于西方，二十三日的平明，月在正南，下半部的半边亏缺，艮卦二阴由下向上长生，是阴大于阳，故艮纳丙于南方，暂至三十日的平明月在东方，月形几乎全无，坤卦，三爻俱阴，故坤纳癸于东方，由十八历二十三到三十的三个阶段为修炼时的午后三候（退阴符）。十个天干，五个阴干（乙丁巳辛癸）、五个阳干（甲丙戊庚壬），这十个天干由乾坤震巽艮兑，根据阴阳奇偶分属所纳，坎纳戊土，离纳己土在中宫不动，其他六卦分午前午后，进退升降，火候功法，尽含于其间。乾、震、兑三卦在午前均在黄昏时显著，盖因阳长阴消之故。巽、艮、坤之卦分三候在平明见者，是为阳消阴长之因。

天道循环，周而复始，阴阳进退，消息盈虚，故午后三候完毕又来更换。新的周期开始后，一阳始生于下，在卦为震，震为雷，为车马，又乾阳称龙，由纯阴而返乾阳，因此说："继体复生龙。"

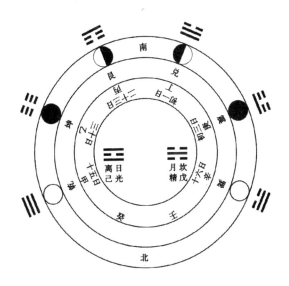

壬癸配甲乙，乾坤括始终，七八数十五，九六亦相应，四者合三十，阳气索灭①藏。

【注解】

①索灭：消索，若没若灭。

【释义】

此节经义与上文紧接，上文是论火候配合、卦象纳甲，此节是说明壬配甲而在乾，癸配乙而在坤的道理。乾坤总括天地阴阳变化之道的义理在八卦纳甲中可以体会。十个天干的起首是甲乙，结尾是壬癸，八卦之中，其他六卦各纳干一位，唯有乾纳天干之首的甲和结尾的壬两干，坤纳天干起首的乙和结尾的癸两干，因此说："乾坤括始终。"八卦分成老阳、老阴、少阳、少阴。乾是老阳为九数，坤是老阴为六数，乾坤九六相加为十五数，其他六卦为乾坤所生，故为乾坤生六子，六子是所分；少阴为八数，少阳为七数，少阴、少阳的七八相加仍为十五数，老阴、老阳与少阴、少阳四者相加正好为三十数，应一月三十日。

阴、阳往来升迁变化，到月末之际，阳气潜藏，似乎阳气消失，不然，是阳在阴中隐含着，只待时而发，乘机而动。至于戊己二干为土，由坎离两卦所纳，居中宫不动，应阴、阳升降。这和篇首讲的"处中以制外，数在律历纪"相为阐释。

八卦①布列曜②，运移不失中③。

【注解】

①八卦：在此处是指卦随五行而分列的方位。

②曜：是指七曜，即水、火、土、金、木五星再加日月为七曜，又称七政。

③中：即上章讲的天心。

【释义】

八方配八卦布列的星曜，升降进退，周而复始，围绕着北极紫微运移。紫微星，就像车轮的中枢一样，故曰"运移不失中"。人身阴阳消息亦不离人身的一元之气。

元精①眇②难睹，推度效符③证，居则观其象，准拟其形容。立表④以为范，占候定吉凶，发号顺时令，勿失爻动时⑤。

【注解】

①元精：从宏观讲，则是天地的元阳之气，从丹道讲，则为身内的一点元阳真精。

②眇：微妙，难以看见，不易揣摸的意思。

③符征：阴阳进退的验证。

④表：测量器。

⑤爻动时：在此处指活子时，也就是子时一阳初动之机。在年则为一阳初动的十一月冬至节，在月则为朔旦，在日则为夜半子时，应于人身则为一阳来复，药物产生之际，故谓活子时。

【释义】

鼎内的一点神灵真精，相似天地之元气，无形色可睹视，无声味可闻尝，难以揣摸。从宏观讲，也就是宇宙间的一点元阳之气；从微观讲，在人身即一点真灵（真精）往来于六合之内，周流于三才之中，其气微妙，唯有推度七曜运移之节度，考校天符进退之征信，方可模拟其端倪。

此一点真精元气，虽无形无情无名，但能潜随化机，生成万物。

人身鼎内的坎离交会之后，所产生的一点真精杳冥难以睹视，不易捉摸，那么有何用法掌握它呢？就是本文指出应当"推度校符征"、"立表以为范"。也就是说，居室静观月象的弦望盈缩、卦象的伸屈进退，以此作为准则，方能模拟人身元阳真精的进退之运度。又可以用测日影的标杆占验气候的方法为模式，来测定出它的动静和消息。人之言行举止必随时令，丹道的进火退符不可失其阴阳进退之机。

上察河图①文，下序地形②流，中稽③于人心，参合考三才。

①河图：在此处指天河两旁的众星，亦指周天星宿的运移。

②地形：地理分布。

③稽：考察。

【释义】

炼丹的要领是将天、地、人三才的运化之道综合起来研究，方知人身的阴阳造化之理。仰观天象，七曜运行有度，阴阳消长有时；俯察地势，山川分布有条，动植长生有节；中考人心之动机，情绪刚柔有定，志气变化有常，就这样将天、地、人三才合并起来阐悟修炼之法，才能将炼丹的妙用融会贯通。

动则循卦节，静则循彖辞①，乾坤用②施行，天下③然后治。

【注解】

①彖辞：是论一卦的意理。

②用：因。

⑧天下：此处指国家。

【释义】

依卦象，顺爻辞，分旦暮，随升降，就这样的动静循序，天地的运化之道才能正常地运行，国家才能富裕地长治久安。同样道理，炼丹者必能成功。故《易》曰："是故君子居则观其象而玩其辞，动则观其变而玩其占，是以自天佑之，吉无不利。"

君臣御政章第五

御政^①之首，鼎新革故，管括^②微密，开舒布宝^③，要道魁柄^④，统化纲纽^⑤，爻象内动，吉凶外起，五纬^⑥错顺，应时感动^⑦，四七^⑧乖戾^⑨，誃离^⑩俯仰。

【注解】

①御政：指执政，治理。

②管括：总管，严密。

③宝：指仁德。

④魁柄：指北斗七星的斗柄。

⑤纲纽：关键，纲纪。

⑥五纬：指五星。

⑦感动：因交感而有反应。

⑧四七：指二十八宿。

⑨乖戾：不合。

⑩誃离：即分离。

【释义】

紫微居中宫一言不发，默运着众星，以此设喻炼丹时应心神专一，不能有邪思妄想，严谨慎重，调停运用，这和治理国家是同一道理。执政的首领当临政时，正心诚意，管理严密，发号施令，顺应天时，符合民情。要以柔和自然的仁德广布于天下，不能粗暴强行。君王如同紫微星一样，居中天之上，提纲挈领，统御周天众星，众星自然顺行，天下自然太平，众星的顺逆全赖紫微居中的动机，人类的治乱全凭君主的言行举止。这种情理相似卦的爻象一样，稍有变动，那吉凶随显而告知。天空的众星虽多，可分为三层，人类再繁，亦有三等。天空的核心为内层，名为紫微垣，中层为太微垣，外层为天市垣，再外就是五星及二十八宿和诸天众星。内层正中心的一颗星是紫微星，和紫微星最近的是北斗七星，绕紫微星旋转一周为一昼夜。随十二支方位每月向后移一位，十二月仍复原位，故为一年。如每月在月建上戌时，北斗七星中的破军星当临。北斗七星其形状像一个裁缝的熨斗，斗柄所指，如国君的发号施令一样，诸天众星无不顺从。人类的百官庶民仍应听令于君主，如斗柄顺行，众星的运度正常；斗柄错乱，众星失节，灾殃降临。人类三等，分皇廷之内，大臣之府，官宦之僚，再就是庶民百姓。同样，君正，臣忠，百姓有序而康乐。君邪，臣奸，庶民混乱而遭殃。丹道同然，元神镇静，精气顺理，百脉通畅，身躯安泰。元神混乱，阴阳失调，百脉沸腾，周身不适。本节讲的"五纬错顺，应时感动，四七乖戾，誃离俯仰"正是此意。

文昌①**统录，诘责台辅**②**，百官有司**③**，各典**④**所部。**

【注解】

　　①文昌：星名。包括上将、次将、宰相、司令、司中、司禄六颗星。

　　②台辅：三台四辅，星名。泛指宰相及高级官吏。

　　③有司：古代设官分职，各有不同，后来泛指官吏。

　　④典：掌管。

【释义】

　　天空的文昌星，像君主和吏、户、礼、兵、刑、工六部，三台四辅如同大夫宰相，天空的众星全凭文昌及三台四辅，那么君主治国依靠的是六部的管理及宰相主政。如各部管好各自的职责，国家的各行各业方可有条不紊。总之，各部的动止邪正全靠君主的真诚普德。

同样在修炼时，无论是哪层功法，均依人身的一点真灵。这点真灵在后天即为人心，那么在初步炼养时全赖心神。如心神专一，万念俱消，柔和自然，顺应人身精气的自然运行，不造作，不妄为，犹如文昌统篆于上，台辅诘责于下，自应阴阳燮理，鼎鼐调和，精气畅通于四肢八脉，上下运转，周天运行，如随斗柄经历十二辰，顺五星于二十八宿之间。

日合五行^①精，月受六律^②纪，五六三十度，度竟复更始。

【注解】

①五行：即五运。五行分属于十天干之日，五阳干，五阴干。

②六律：即六气。六气分属于十二地支之月，六阳支，六阴支。

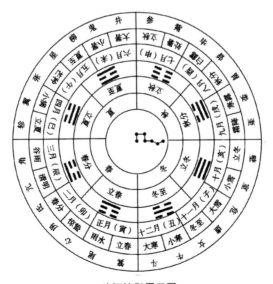

斗柄统御周天图

　　日合五行之精华，月受六气之纲纪，五日一候，六候为一月，而一月合其五六之数，故三十日为一月。日与月交媾一次，月终夏始，随斗柄之运转，如环无端，火候的进退恰和月亮的圆缺出没升降一样，随着乐律的进退而伸屈。

　　原始要终，存亡之绪①，或君骄佚，亢满②违道；或臣邪佞，行不顺轨，弦望盈缩，乖变凶咎，执法刺讥③，诘过④贻主。

【注解】

　　①绪：开端。

　　②骄佚，亢满：指炼养上骄傲自满，盛气凌人，极端妄为，急躁冒进，任意造作。

　　③刺讥：对不正臣子的责备，在此处应按调整精气的运作讲。

　　④诘过：仍按寻求差失和缺点讲。

【释义】

　　此节经义仍以君主理政来比喻修丹之道，故推究火候成败的关键是在于心。如果心情急躁，动止无常，阴阳就会走向偏极，这就违背了人身的自然之道。人身的精气自会错乱佞邪，像月的弦望圆缺均属自然，如若强行，就背离了它的自然运度，定会带来灾殃。

　　同样道理，治国者如出了差错，定会按国法追究大臣的过失，此时执法的大臣虽受到惊骇，但这些失误的主要责任还是归罪于君主不守度而骄溢之过。彭晓注曰："国君骄溢，则四方贡输不入，臣下邪佞，致使时刻有差，弦望亏盈，晦朔各咎，皆归过于主。主即金精土德神室也，臣即五行六律精气也，得失即运符火之地，兹因姹女逃亡，青龙奔逸，神精即走，金液何求。"治国之理、丹道之法同样，如人君居上不骄，下臣自然不佞，元神真静，精气自然循行顺理。

辰极^①受正，优游^②任下，明堂^③布政，国无害道。

【注解】

①辰极：即中天之上的北极星。

②优游：和顺自如。

③明堂：诸侯朝天子处，君王出政令之所。

【释义】

孔子曰："为政以德，譬如北辰，居其所而众星拱之。"他的意思是说：执政的人以德布政，百官听令，万民诚服，相似北极紫微星居中天之上，和顺自如，统御周天，运化列宿一样；君王颁布政令在明堂之上，国土咸宁，天下太平，上下无有灾害之忧。本经用此意发挥丹道、六部处正、精气和融的修炼之理。

此章经义是借紫微及北斗星的运转之序，比喻御政丹道之理。北斗七星是在北天之上，排列成斗形，围绕紫微星旋转的七颗星。这七星名是：一天枢，二天旋，三天玑，四天权，五玉衡，六开阳，七摇光，又名贪狼、巨门、禄存、文曲、廉贞、武曲、破军。北斗七星是周天众星之枢纽，宰制八方，统摄周天，是天地之枢机，万化之主宰，节气时令之指针。古人曰："斗柄之命四时，太阳而照万国"，"斗柄东指，天下皆春；斗柄南指，天下皆夏；斗柄西指，天下皆秋；斗柄北指，天下皆冬"。

人心有七窍，七窍为人周身百骸九窍、六脏、八万四千毫毛孔窍之主宰。人心即北斗，周身众窍即众星，以人心七窍合斗即此，天是一大天，人是一小天，天人合应，天之道即人之道，八方星曜运移不失人之中枢。周天众星顺从，时令节气和顺，百物茂盛。相反，如北斗错妄则众星乱行，二十八宿违道，气候节令失时。御政及丹道同然，宁心静气，意诚志坚，民自安，身乃修，国乃治，真丹自结。因此说："辰极受正，优游任下，明堂布政，国无害道。"

炼己立基章第六

内以养己，安静虚无。

【释义】

摄内炼养之治，身不妄动，心不邪思，万缘俱消，六根清净，七情尽扫，心地达到空极虚无之境。

原本隐明，内照形躯。

【释义】

虚无杳冥之境，正是性命之本源，不可睹视，不可名状。收视返听于本身之内，神气敛藏于百骸之中。

闭塞其兑①，筑固灵株②。

【注解】

①兑：口。在这里指首上孔窍。
②灵株：肾脏。在这里指生化之根基。

【释义】

《道德经》云："塞其兑，闭其门，终身不动；开其兑，济其事，终身不救。"本经引此意发挥修丹之要，封闭眼、耳、鼻、口之孔窍，则元神静居而不散发；下则筑固生化之根基，则元精稳固而不会走失。上不泄，下不漏，精内固而神自养。

三光①陆②沉③，温养子珠④，视之不见，近而易求。

【注解】

①三光：日、月、星。在此处指人身心、肾及众窍。

②陆：平地。在这里指人身坤腹丹田处。

③沉：潜入。

④子珠：即人身阳气与阴经交感之后，产生的一点真种，又称"圣胎"。

【释义】

天上有日、月、星三光，照射地上，土壤因得阳气，万物自然丛生。人身众窍内敛，心、肾自然相交，元阳之气潜入坤腹丹田之中，内外相应，心息相依，坤炉之内自充真气，津液滋生，自得其火温养，大丹由此渐渐而凝。

此法虽至简至易，但是无名象可指，无形色可睹，更无把柄可持。故须修德布仁，净扫尘妄，专心致志，使性体虚极静笃，妙理自悟，真法自得，不可远求，近在眼前，自身具备。故《阴符经》云："宇宙在乎手，万化生乎身。"

黄中①渐通理②，润泽达肌肤。

【注解】

①黄中：黄，土色；中，中央。五行土居中宫，故曰"黄中"。在此处仍指中宫丹田。

②理：文理。在此处指膝理。

【释义】

《易·文言传》曰："君子黄中通理，正位居体，美在其中，而畅于四肢，发之事业，美之至也。"它是说君子的美德，好比黄色中和的土，通达文理，行事端方，居身公正。由于内心的动机良好与善美，所以通畅于周身，四肢的动止均美而感人，既是发挥于事业，更有伟大的成绩。和顺之美德于中，而英华自然伸发于外，这是最善的美德。本经引此意来证明人身心肾相交、阴阳融合、圣胎产生之后的象征。圣胎在丹田之中，通过真火的温养，而炉内的元和之气，先由内向外，渐渐通畅于腠理，伸展于四肢，渗透于七经八脉。肌肤滋润，容颜光泽，周身格外舒适。

初正①则终修②，干③立末可持④，一者以掩蔽，世人莫知之。

【注解】

　　①正：在此处指真法、正宗。
　　②修：当成功讲。
　　③干：根本。
　　④持：即掌握。

【释义】

　　修炼之道，只要在初炼时遵循正宗，操务真法，心正意诚，不入邪见，不走曲径，久持不懈，终获成功。经中讲的"初正则终修"，盖是此意。

　　再能溯其根源，抓着本体，其细节枝梢之处就自然掌握。修炼真丹的唯一根本，无非使阴阳和合，水火既济，元神与元精交凝，以此一意而概括。愚顽狂徒，以世味为务，志在贪享名利，七情用事，钩心斗角，以致神气不合，阴阳不交，元神飞扬，元精走泄，不顺天理，良心自丧，智慧蒙蔽，迷糊一世，岂知天地之玄机，修真之妙秘。

明两知窍章第七

上德^①无为，不以察求，下德^②为之，其用不休。

【注解】

①上德：是指无迹象可视，无端倪可察，内在的、含蓄的、无意的、不是人为的、自然的恩惠。

②下德：是指外在的、彰示的、形式上的、不是自然的、有意的偏恩小惠。

【释义】

老君曰："上德无为，而无以为；下德为之，而有以为。"它是说宇宙万物的本根是道，道之体性是纯粹自然。而体现道的作用的是德，德的体性仍继之以道，是内在的、自然的，不是人为的，这种表现形式故称"上德"。人间社会，人与人之间有意识的恩惠则是形式上的、外在的、人为的、不是自然的，因之称"下德"。本经引此意一则阐发修炼之术，因功深力久，性体回归本源，清静自然，精气循行顺轨，不用人为导引。初修者因意念不纯，精气沸腾不轨，心神狂荡而不清静，故须有意控制，精思固守，孜孜不倦地勤修。二则发挥人身元神居上清之境，本来常清常静，不必有意造作。故曰："上德无为，不以察求。"又因人身精气，在人身不停地上下运转，故曰："下德为之，其用不休。"

上^①闭则称有^②，下^③闭则称无^④，无者以奉上，上有神德居。

①上：仍指头上孔窍。

②有：离宫所产的一点真水。

③下：指身下前后两阴窍。

④无：坎宫的一点真阳。此点真阳，因从后天有形的浊精中化出，故称"无"。

【释义】

上窍闭塞，收视返听，元神自然体现，故称有；下窍坚固，精不漏泄，自化为气，故称无。元神内敛，以神御气，元气自然上腾，与元神交会。元气在下以奉上，元神居上以御下，上下相须运用，其妙无穷。

此两孔①穴②法，金气亦相胥。

【注解】

①孔：指上窍。

②穴：指下窍。

【释义】

固闭上下两窍的妙法中，金气亦起着辅助作用。离中真水之气下降，坎宫真金之精上腾。此时，金为化气，气为融金，两者相交相恋，互为资补，有无相须。大丹之要妙，就在于此。

此章经义是阐发养性炼命之纲要。首讲身心合一，神气相须的筑基之功，使精满、气足、神旺之后，再使三者逐渐合凝，方可结成圣胎。次证圣胎结成之后的验证是先由内向外，优游渐次伸展于四肢，肌肤滋润，容颜光泽，分外舒适。章尾又阐发固闭上下两窍，坎中真金之精上腾，离宫真水下降，两者相交互资的妙用。

知白①守黑，神明自来。

【注解】

①白：金也。是指坎水中藏的真金。

②黑：水也，是指离水中藏的真水。

【释义】

老子曰："知其白，守其黑，为天下式。"它是说有明白四达的智慧，当以愚暗自守，以此作为处世行于天下的法式。本章引此意来发挥人身金水二者的体用关系。

白为真金，黑为真水，知白金由黑水中生出，所以知白者必守黑，这种道理犹如使白光显于黑暗中一样。故守一子曰："犹知日之白光，当守月之黑体；如欲知其银之白，当守其铅之黑也。"如久守其铅之黑体，而银之白光自现。铅中藏银，银出铅中，二者在相互运用中，自有神机妙用，故曰："神明自来。"

水金二者之间的关系是相互为用，不可分割，因用真水借炼外丹，故谓真铅。水属后天，金（真水）属先天，水本由金中而生，但金藏水底，金水二者相须为用，不可分割。《龙虎经》中说："金水相含受，雌雄并一体，用之有条理。"与本章说的"知白守黑"的道理是相通的。

白者金精，黑者水基，水者道枢，其数名一。

【释义】

白者是真金的精华，黑者是真水的根基。《河图》中将天地五行生成之数分内外、列五方，而一数始生于北方坎宫，故天一生水，为五行之首，万物之始，修丹之道仍与此意相通。金能生水，水中藏金，故水为修炼真丹的唯一根本。长生阴真人亦曰："五行之中水数一也，水能变化，为道枢也。"

阴阳之始，玄^①含黄芽^②，五金^③之主，北方^④河车^⑤。

【注解】

①玄：在此处当深藏讲。

②黄芽：在此处喻水中藏着金精，经烹炼护养而渐长的情景，犹草木遇土而生萌芽，其色黄而软弱，呈现生机一样。

③五金：在此处借外丹银、铅、砂、汞、土来喻修炼内丹的金精。水底深藏着金精，故水为金精之主。

④北方：在卦为坎，在日为亥子交会之时，在月是朔旦之际，在年则为冬至之节。在人身修炼来讲，则为下丹田。下丹田的一点真阳是人身之命蒂。

⑤河车：是人身真气运行之道路，即任督二脉。

【释义】

人身真气运行的起始之处仍在一点元阳的产生之地，它经真气烹炼温养到一定程度，先由尾间穴沿督脉上升，经夹脊，过玉枕，到泥丸，然后下降至鹊桥，接任脉纳入丹田，这样循环一周，故名"周天"，亦称"河车道"。庄子《逍遥游》篇对北方河车的法象是："北溟有鱼，其名为鲲，鲲之大不知其几千里也……怒而飞，其翼若垂天之云，是鸟也，海运则得徙于南溟，南溟者天池也……鹏之徙于南溟也，水击三千里，抟扶摇而上者九万里。"即象征此意。

故铅外黑，内怀金华，被褐怀玉，外为狂夫。

【释义】

因此，真铅的外表是黑色的，内藏着金华，相似外表披着旧衣服而内怀着道德的君子，犹如至德圣人，隐晦藏形，外表好像无知的野人。

金为水母，母隐子胎，水为金子，子藏母胞。真人①**至妙，若有若无，仿佛太渊，乍沉乍浮，退而分布，各守境隅**②**。**

【注解】

①真人：这里指真铅。

②境隅：由子至午为进阳火之境隅，从午到子为退阴符之境隅。

【释义】

本节经义是描述真铅产生后的景象，水由金而生，故金为水母。金生水后，反隐形于水中，故谓之"母隐子胎"。意即水藉真金（真铅）而生，真金生水之后，又隐形于水中，也就是说，水中藏有真铅。当此时也，真铅好像沉潜在深渊里，忽上忽下，似有似无，虽然飞浮不定，但进退各守其分，不能超越本分。

采之类①**白，造**②**之则朱，炼为表卫**③**，白里贞居。**

【注解】

①类：正似。

②造：加工。

③表卫：外围。

【释义】

此段是描述药物成丹的过程及景象。真铅在开始采得时类似白色，通过真火温养锻炼之后，就可以变为红色。真铅在开始炼得时很不稳定，容易受到人间外物（也就是七情六欲）等凡情的干扰而耗散。在此期间，必须精思固守，加强在外围的保护，方免散失之患，它才能安然在炉鼎内存在。铅汞的结合是以铅拘汞才能结成丹头。丹内以身为炉鼎，但上为鼎，下为炉。药由炉下产，丹在鼎中结；也就是说，泥丸宫是鼎，结丹就在泥丸宫，真铅真汞混而相拘，就自然结丹于此。此一点真铅在未有人之前就存在。

方圆径寸①，

【注解】
　①方圆径寸：指泥丸。

【释义】
　此段是对泥丸宫的拟议及形容。在讲鼎之法象中形容内丹的形象。泥丸一穴，方圆只有一寸，故《黄庭经》云："泥丸九真皆有房，方圆一寸处此中。"

混而相拘，

【释义】
　泥丸宫非但是人身元神所居之位，而且是万神汇集之地，它和人身的五脏六腑、七经八脉、百骸九窍关系密切，混而相应。故《周易参同契发挥》中说："泥丸一穴，乃一身万窍之祖窍，此窍开则众窍开也。"

先天地生，

【释义】
　泥丸宫含藏着一点太和虚灵，虚白朗耀，杳杳冥冥，时与天地灵气相接，人身的心虑依此而生，念欲由此而始。故《道枢·颐生篇》称泥丸为"一身之灵枢，百神之命窟，津液之山源，魂精之至室"。此点虚灵在未有天地前就存在。

巍巍尊高，

【释义】
　泥丸宫因处在人身最高位置，头脑又称"昆仑顶峰"。居高临下，尊贵重要，因称"巍巍尊高"。

旁有垣阙，

【释义】

大脑外壳是坚骨，犹如垣墙。内有通往各处的窍穴，而外有五官七窍，以供视听食思，如同门阙。

状似蓬壶。

【释义】

其法象犹如海上仙山，景致神奇，变幻莫测，故《内经图》对它的模拟形容是：《修真图》。

环匝关闭，四通蹰蹰。

【释义】

头脑的结构，层层环绕，严密紧凑，有通往周身神经的窍穴，好像四通八达的路径，阳火阴符之运行，可以在其中动静缓和，从容不迫，来回自如。

守御密固，阏绝奸邪，曲阁相通，以戒不虞。

【释义】

真人处灵台，五官七窍以及五脏六腑稍有撞击，泥丸宫可立即感到，好像御林军防护，严密而坚固，因此，可以防止一切内奸外邪的侵害。元神内运，鼻嗅耳闻，七窍相通，如同曲折迂回的阁道相接相通。因之，可以戒备意外之事发生。

可以无思，难以愁劳，神气满室，莫之能留。

【释义】

泥丸宫是人身元神所居之地，元神本来是常清常静，无一物缠绕，因此，不宜有念虑忧思、烦劳苦愁。此处神气充满，因此，要消除万缘，不妄劳作，清静自然，心志专一，护养元神。

守之者昌，失之者亡。

【释义】

如能继而持守温养，元神自然可以昌盛充沛，不这样做就会使元神消亡。

动静休息，常与人俱。

【释义】

元神是人体之主，与百脉众窍有着紧密的关系，所以它的"动静休息"时刻与人不能相离。此段文字亦是大丹的结成法象。故《周易参同契分章通真义》说："修还丹有坛炉鼎灶，上下相接如蓬壶状，周旋四通，鼎内复有神室金胎，委曲相连，鼎外复有枢辖固济，阏绝奸邪，以防真气走失，方能别无思虑，乃无愁劳也。虽固密提防得神气满于室内，又需调用阴阳交互施工，得以流连真经以成变化。如用火符则差，纵有真精在内，亦复在内不住，全在协调水火，守而不失，则必昌盛，故真气动静——常与人俱也。"

此章经义是将采取制炼之法，结胎封固之旨，防危虑险之要，以至于脱胎神化之妙，步步有序，层层有章，尽论于其中。同时在讲鼎之法象中，又讲真丹结成后，需要防危虑险的告诫。真丹在始炼之时其药物鼎炉、火候之运度各有妙用，但真丹结成之后，真丹就与泥丸宫（鼎）混融为一体。所以，此章经意虽说的是泥丸（鼎）之法象，其中更重要的是描述结成的真丹。

明辩邪正章第八

是非①历脏②法，内视有所思，履行步斗宿，六甲③以日辰。阴道④厌九一，浊乱弄元胞⑤，食气鸣肠胃，吐正吸外邪。昼夜不卧寐，晦朔未尝休，身体日疲倦，恍惚状若痴。百脉鼎沸⑥驰，不得清澄⑦居，累⑧土立坛宇，朝暮敬祭祀。鬼神见形象，梦寐感慨之。心欢意喜悦，自谓必延期⑨。遽以夭命死，腐露其形骸，举措辄有违，悖逆失枢机，诸述甚众多，千条有万余，前却违黄老，曲折戾九都⑩。

【注解】

①是非：引申为评判。

②脏：秘密。

③六甲：驱使六甲天神之符箓，服用可却病延年。

④阴道：指女阴。

⑤元胞：真气与真情。

⑥鼎沸：翻腾滚动，指气血扰动不安。

⑦清澄：安静。

⑧累：堆叠。

⑨期：寿命。

⑩九都：黄帝、老子的九宫，内藏秘籍灵文。

【释义】

此段大意是伯阳祖师恐后辈不知其宗，误入歧途，故列举了五种旁门左道的修炼方法。它们不但没有成丹，反而因炼丹致害，应以屏绝。评判一下历来的修炼方法，有的专存内思之小技，或步星踏斗；亦有按时服用六甲神符；更有采用房中术，行九浅一深之法，采阴补阳者；有屈伸握固，闭气、咽津者，如此等等，混浊扰乱了自身的元气与元神，损伤了魂魄，以致阳神离宫，阴贼侵入，神志不清，昼夜不能寝寐，晦朔不能安休；百脉沸腾，三田溃乱，不得清静安居，本想长寿，反致短夭。更有修维坛宇，早晚祭祀鬼神，因心念不正，意境入邪，则鬼气传于精魂，邪风起于心室，故时见鬼物奇形，或于夜梦中偶遇异物情景，自感欣悦，认为炼丹有效，有仙人指路，佛祖接引，自认丹成长生，反致须臾丧亡，魂飞魄散，肉体腐烂。以上五种旁门歧径，违背正道，脱离了黄老的清静无为的自然功理，歪曲了前人总结的妙旨真诠。

　　明者省阙旨，旷然知所由，勤而行之，夙夜不休，服食①三载，轻举远游，跨火不焦，入水不濡，能存能亡，长乐无忧。道成德就，潜伏俟时，太乙②乃召，移居中洲③，功满上升，膺禄④受图⑤。

【注解】

　　①服食：炼养。

　　②太乙：专管修炼成仙的祖师。

　　③中洲：神仙所居之地，即十洲三岛，太乙元君所居之地。

　　④膺禄：接受。

　　⑤图：指灵图。

【释义】

　　此段是阐明正确的修炼功法。道高德重的修炼之士，在修炼时必须省究修丹的真谛妙旨，不能有一点妄为造次。只有专心致志，一念纯真，早晚行持不懈，勤修不倦，始终如一，长生之路自悟，精气的运行自然掌握。待药产之后，烹炼护养三年，使人神气怡然，形躯轻便，四海遨游；入火不焚，入水不溺，散则成气，聚而成形，隐显莫测，往来自在，心旷神怡，长乐无忧。当是时也，可谓道成德就。继续潜修密行，三千功满，八百行圆，主管修炼的神仙祖师太乙元君，自可接引到十洲三岛任意遨游，并可接受神仙的灵图秘文，或驾鸾鹤，或跨彩凤，上朝天界时赴金阙。

此章经义共分两段，第一段是介绍了五类旁门邪径，对修丹者非但无益，反而致害的要意；第二段是说能参悟修性的高人上士，省得修炼真要，勤行久持则自功满道成。

龙虎两弦章第九

《火记》①不虚作，演易以明之，偃月②法炉鼎，白虎③为熬枢④，汞日⑤为流珠⑥，青龙⑦与之俱，举东以合西，魂魄自相拘。

【注解】

①《火记》：是一部炼丹的书。共六百篇，相应六十卦。六十四卦除乾坤坎离四卦配鼎炉药物外，其余六十卦，小则配一月三十日分早晚，大则配十二月别阴阳，喻为进火退符之用。由此可见，《火记》是一部重阐丹道火候要秘的丹书。

②偃月：仰卧之意，在这里指不满的月象。

③白虎：在此处应指真铅。

④熬枢：烧炼的要核。亦指烹调烧炼而言。

⑤汞日：在此处指水银。

⑥流珠：指水银的动态。

⑦青龙：指真汞。

【释义】

《火记》上讲的炼丹方法，是千真万确的，不是无凭的妄谈。它是根据易卦爻象来阐明修丹之理，它取法月的上下两弦，将鼎炉、药物、火候尽设其中，并将药物剂量、进火、退符之情理咸列于其内。两弦的月象用鼎炉，就是上弦为鼎，下弦为炉；用于药物，上弦为真汞，下弦为真铅；用于火候，上弦为进阳火，下弦为退阴符；用于药物剂量，就是上弦为金半斤，下弦为水半斤。

白虎铅居于坎炉之内（下弦），隐于丹田之中，炉下是燃火之枢机，因此说"白虎为熬枢"。青龙汞在离鼎之中（上弦），藏于泥丸之心，汞性如水之流，体若珠之圆，滚动不定，故曰"汞日为流珠"。驱使鼎中青龙汞下与炉内白虎铅相与俱会，丹胎由之而立，故曰"青龙与之俱"。青龙属阳居离宫，列东方为木，为魂。白虎属阴居坎宫，寄体于西为金，为魄。青龙与白虎相交之后，自然水火既济，金木交并，魂魄相拘，东西合会，当此之际，铅汞相接，故曰"举东以合西，魂魄自相拘"。《周易参同契发挥》中说："作丹之时，苟能虚心静默，凝神入于气穴，则东西配合，金木交并，南北混融，水火既济，五行会聚，都在一方凝结，又何劳用力哉？"

上弦兑数八，下弦艮亦八，两弦合其精，乾坤体乃成，二八应一斤，易道正不倾。铢有三百八十四，亦应卦爻之数。

【释义】

此处又取法月象来阐明火候的调停运用。每月初八日的黄昏时，正南的月象，"上弦乎如绳"，由每月初一历至初八日，正好八天，因此说"上弦兑数八"。又由每月的二十三日的平明时，丙方月象下弦同于初八日上弦，由十六日历至二十三日亦正好八天，因之又说"下弦艮亦八"。上弦月象是阴消阳长，历至望日，阳极为纯乾体；下弦月象是阴长阳消，行至晦日，阴盛而纯坤体，此时阴阳之盈虚消息，进退伸屈，往来一周，两弦合金木之精气已满，乾坤之形体俱就，周天之数已迄。因此说"两弦合其精，乾坤体乃成"。

上弦的月象是阳伸阴屈，阳长阴消，魂进魄退，阴变为阳的一个历程。当此之时，正是人身真铅产生之期，应采归于鼎炉之内，进火烹炼。下弦的月象是阴伸阳屈，阴长阳消，魂进魄退，阳变为阴的一个历程。当此之时，正是人身真汞产生之际，急需同归炉鼎之中，应退符温养。上弦是自朔历至初八，此八日应金半斤之数，下弦是从十六行至二十三日，此八日应水半斤之数，两个半斤正好一斤。日月相为往来，魂魄迭运为体，金水剂量相等，阴阳交互运用。阴阳的变化之道，如能达到如此的平衡，就不会有倾覆之患。因此说："二八应一斤，易道正不倾。"或注曰："当在两弦精华相合，便成内丹，仿佛到了一个新的天地，真汞的八两，真铅的八两，应为一斤之数，分三百八十四铢，应一月二八之候，阴阳相等，不偏不倚，故无倾失之患。"

此章经义是借用古丹经《火记》的炼丹方法，根据易象来推演人身铅汞、阴阳、魂魄相拘采炼的功理及功法。鼎炉取法偃月，产药、燃火、运火行符，驱使龙虎二物相交，媒介金木两者归并，诱导魂魄相拘，使上下两弦，金水各八两，合并为一斤大药之数，皆在鼎炉之中发挥作用。同时阐明一斤为十六两，一两为二十四铢，十六两共为三百八十四铢。一卦六爻，六十四卦共有三百八十四爻。一斤之铢，六十四卦之爻，正应一月二八之候，乾坤体就，月体亏盈，恰合周天之数的玄理奥义。

金返归性章第十

金①入于猛火，色不夺精光。

【注解】

①金：仍指真铅。

【释义】

黄金投入在烈火中，不但色不变，而且更显精光。人身真铅（金）得真汞（火）之锻炼更得精粹光明。

自开辟①以来，日月不亏明，金不失其重，日月形如常。

【注解】

①开辟：即混沌初开，天地始分，阴阳首判之时。

【释义】

自开天辟地以来，日不会自有出没，因地球自转方显晨昏，月仍无盈，日因地月运行互为影响，方有圆缺。黄金不论怎样烧炼，不但不坏，而且不会减轻它的重量，愈炼愈坚，相似日月一样，其形体永久如此。丹道亦然，真铅投入烈火之内，不但不能销熔，反而金光更强。

金本从月生，朔旦日受符。

【释义】

真铅生于坎水，月体有质无光，其质本黑，是秉受着日光才生辉，自震而起（初三日），至乾而满（十五），历巽前消（十六），迄坤而尽（卅日）。从丹道来讲，人身的真铅虽生于坤宫，仍由真汞所化，受气之初，亦同月受日光一样。

金返归其母，月晦日相包，隐藏其匡[①]**廓**[②]**，沉沦**[③]**于洞虚**[④]**。**

【注解】

①匡：垣城的内层。

②廓：垣城的外围。

③沉沦：即沉没。

④洞虚：寂寥，杳冥。

【释义】

坤为土地，土能生金，故坤为金之母。真铅在坤宫与真汞相守，亦如月晦之日，此情此景，金生于土，原归于土。日光射入月内，月体包于日光之外，日月相抱，阴阳交并，内匡外廓相为交结，互为依辅，这又和前边讲的"天地媾其精，日月相担持，雄阳播玄施，雌阴化黄包"的意境相通。当此之际，坎离相交，神气沉入北海，犹如月光隐没在空寂虚无之地一样，月体纯黑无白。

金复其故性，威光[①]**鼎乃熺**[②]**。**

【注解】

①威光：即强烈的光芒。

②熺：火力炽盛的意思。

【释义】

在北海的黑暗之地凝神久守，金性自然来复。当此之际，大药将产，犹如婴儿一样，由幼小渐长成人，大药由炉下要上升到鼎，坎中之金，返本还原，仍复乾父之性。这又和前边说的"长子继父体，因母立兆基"的道理一样，此时鼎内的感觉是精光夺目，火力炽盛。也就是说药物将产时，其守于乾腹。故曰："月晦日相抱。"药产之后，由坤升至乾鼎，此时此刻，自现光热，因此说"金复其故性，威光鼎乃熹"。

此章是借金入火既不坏又不变色的特质，以黄金比喻人身的真铅，得到真汞的熬炼，就显出不可思议的妙用，将这种妙用又借月受日光来形容其中的义理。第二层意思是描绘人身坎离交媾之后，大药将产，炉下药物得到升华，鼎上的感觉及景象。人身真铅的产生，犹如人身的生成一样，人身生成是秉父精，承母血，虽由坤腹受胎，但先秉的是父精，分娩之后，仍先在母怀乳服，待之长成方继父体。在丹道来讲，就是人身坎中之金，返本还原，恢复它所秉承的乾父之性。

二土全功章第十一

子午数合三，戊己号称五。三五既合谐，八石①正纲纪。

【注解】

①八石：指炼外丹的八种药物（朱砂、雄黄、云母、空青、硫黄、戒盐、硝石、雌黄）。

【释义】

子属水，位居于北；午属火，位列于南。天一生水在子方，地二生火于午位，天一与地二相加故为三。戊己属土，独居中宫为五数，火炎上，水流下，故水火不能自济，南北岂会自和？必须通过中宫土的媒介，方可水火既济，南北相接，和谐自然，相处不违。这和烧炼外丹的道理一样，欲将八石融混和谐，必借土釜的作用。

呼吸相含育，伫思①为夫妇，黄土金之父，流珠②水之子，水以土为鬼③，土镇水不起。

【注解】

①伫思：积蓄。一呼一吸为一息，虚心凝神积累精气。
②流珠：指水银，因流动如珠故称。
③鬼：八卦配五行而产生六亲，生我者为父母，我生者为子孙，比和者为兄弟，我克者为妻财，克我者为官鬼。

【释义】

上段说明人身的水火药物通过真意（土）的作用，以致同归于炉，相互和谐，相恋相结。此节是讲须用虚心凝神，回光内照，阳升阴降，呼吸自如，继而含育炉中水火，才能如夫妇一样相亲相爱不肯分离。金依土生，故黄土为金之父，金能生水故金为水母。五行生克均赖土的作用，土能克水，水被土克之后，水方能归道而不泛流。

朱雀^①**为火精，执平**^②**调胜负，水盛火消灭，俱死归厚土。**

【注解】

①朱雀：南方之神，为火。

②执平：掌握平衡的意思。

【释义】

土制水不得泛流，南方火再加锻炼，水即化为气体，其金亦随水气而上腾，待水气入于离宫，离宫之火又怕水淹，故火亦不能过炎。水不能滥流，火不能炎土，其中是土起着作用，因此说"俱死归厚土"。

三性^①**即合会，本性共宗祖**^②**。**

【注解】

①三性：即水、火、土。

②宗祖：指本元。

【释义】

水火土分开讲是三种不同的物性，三性合会之后，其来源总归一处根蒂，火被水淹，水遇土制，水源为金，火生于木。土既能生金又可生木，金木之本皆为土，水火是金木之子。无疑土是金木火水之祖宗。水火土三者，从后天派生关系来看，是三种不同的性体殊途，从先天来讲，则它们同归于一元。

上章讲的是坎离交媾，大药将产的道理，此章的中心意思是阐明水火二用全仗土的作用，方能同归混融。故《悟真篇》云："三五一都三个字，古今明者实然稀，东三南二合成五，北一西方四共之，戊己自居中央五，三家相见结婴儿，婴儿是一含真气，十月胎圆入圣基。"次借世有食胡麻者都能得其延年，何况人身炼就的真丹，长寿成仙更是无疑。

巨胜①尚延年，还丹②可入口，金③性不败朽，故为万物宝，术士服食④之，寿命得长久。

【注解】

①巨胜：即胡麻，滋阴补阳，能润肠胃。

②还丹：即内丹。

③金：此处当真丹讲。

④术士：指善于修炼并有高妙养生术的人。

⑤服食：采取人身真铅真汞之意。

【释义】

胡麻是一种油脂草木，可以润肠胃、滋阴补阳，久服可以长寿。人身内修炼成的真丹，它的妙用就更不用怀疑了。人身元精与元神凝结成的真丹永不败朽，是万物中最宝贵的东西，所以精通养生术的高士，采取人身真铅真汞得成还丹者自然长生。

土游于四季，守界定规矩①。

【注解】

①定规矩：在此处当调和节制讲。

【释义】

金木水火各有生旺的相应季节，唯独土旺于四季，如金旺于秋，死于冬，绝于春，长生于夏；木旺于春，死于夏，绝于秋，长生于冬；水旺于冬，死于春，绝于夏，长生于秋；火旺于夏，死于秋，绝于冬，长生于春。一年分四季，每季分孟仲季三个月，季月的后十八天均为土旺，因此说"土游于四季"。同时土不但能使五行四象交汇，而且能调解金、木、水、火之不足，节制四者之过盛。亥子水居西北，丑土居北，所以水借土而生东方木；寅卯木居东北，辰土处东，木能生南方火；巳午火居东南，未土处南，火赖土而生西方金；申酉金居西南，戌土处西，金能生北方水，故水火木金均以土为疆界。修炼内丹，子进阳火，午退阴符，卯酉行沐浴之功仍须凭真意——土的作用。

金砂①入五内②，雾散若风雨，

【注解】

　　①金砂：金为铅，砂为汞，此处当真丹讲。

　　②五内：即指人身内五脏六腑。

【释义】

　　此段是说真丹结成之后的感觉及景象。元神与元精合凝之后，自然就渗五脏，透六腑，外通百骸九窍，如同云雾布满周身，相似雨露浸润四肢。《周易参同契发挥》云："金丹之升鼎也，穿两肾，导夹脊，过心径，入髓海，冲肺腧，度肝脾，复还丹田。当其升时，如云雾之四塞，如风雨之暴至，恍然如昼梦之初觉，涣然如沉疴之脱体，精神冥合如夫妇之交接，骨肉融合如澡浴之初起。"总之，以上的感觉与效果，唯有殷勤而修，苦心而炼，坚持不懈的有志之士方能体验。追逐名利、沉溺酒色的俗徒岂能知晓，轻忽躁动、狂妄无知的小人更不须提。

熏蒸达四肢，颜色悦泽好，发白皆变黑，齿落生旧所①，

老翁复丁壮，耆妪^②成姹女^③，改形免世厄^④，号之曰真人。

【注解】

①旧所：应居之地，即旧原位。

②耆妪：老年妇女。

③姹女：女孩子。

④世厄：指人类灾难。

【释义】

本节讲得丹之后，继而温养，久持不懈，人身的真气犹如蒸馍一样，熏蒸毫毛孔窍，不但神清气爽，而且容颜润泽，皮肤柔软，发白转黑，齿落重生，返老还童，逃出尘俗，摆脱牵缠，内无疾病，外无克害，与天地同体、日月同明，长寿无极，故谓真人。

同类合体章第十二

胡粉^①投火中，色坏还为铅，冰雪得温汤，解释^②成太玄^③。

【注解】

①胡粉：即铅粉。

②解释：当溶化讲。

③太玄：本是北方玄武之神，坎居北方水，此处当水讲。

【释义】

胡粉本来就是黑铅，投入火内烧炼后仍可返回原质（铅）。冰雪本是水凝结成的，如得温汤溶化仍变为水。

金以砂^①为主，秉和于水银，变化由其真，终始自相因。

【注解】

①砂：即指外丹，金丹外丹以丹砂为主。

【释义】

因为丹砂本来是水银的缘故，上文讲的胡粉本是铅中来，冰雪因水凝，这些本质的变化，都是同一物质自相转化、返本还原、同类相因的道理，正是修炼内丹的根本原理。

欲作服食仙，宜以同类者，植禾^①当以黍^②，孵鸡用其卵，以类辅自然，物成易陶冶。

【注解】

　①禾：指谷类。

　②黍：即栗。

【释义】

　想要成为长生的服食仙，应遵照同类相因的这一原理，这和种庄稼一样，欲得禾苗结实，须先种下粮食，孵鸡一定要用鸡蛋。只有同类的东西才相辅相成，不劳心力，自然而成。

鱼目岂为珠，蓬蒿不成楸①。

【注解】

　①楸：读秋，指高大的树木。

【释义】

　鱼的眼目是肉晶，怎能成珍珠？蓬蒿是草，怎能长成参天大树？

类同者相从，事乖①不成宝。

【注解】

　①乖：违背。

【释义】

　同类的事物自然依从，违背炼丹的道理，脱离了人身的元精与元神，怎能结成宝丹？

燕雀不生凤，狐兔不乳马，水流不炎上，火动不润下。

【释义】

　小燕与麻雀能生出凤凰来？狐狸与兔子怎能养育骡马？水性

下流不会炎上，火性炎上不会下流，这是自然之性，谁也不能违背。

本章举了不少例子，反复比喻说明"同类相从"、"异类无情"的道理。欲求长生，唯有"参天地之正气，体虚无之妙道"，用自身的元神、元精，这才与人有情，依法久炼，定能成丹。如舍其同类，而求金石、草木炼制成外丹，欲服而求生长者，犹如使蓬蒿成材、求燕雀生凤、欲狐兔乳马一样。故《悟真篇》云："竹破须将竹补宜，孵鸡当用卵为之，万般非类徒劳力，争似真铅合圣机。"

此章通篇是论述同类有情、异性不融的炼丹要旨。自古迄今，前圣先贤，炼外丹以铅汞二物为宗；内丹以神气二物为本。如舍弃此二物，以求它物之类，欲求炼就真丹者，就犹如求燕雀生凤、狐兔乳马一样，徒劳精力，终不济事。

世间多学士①，高妙负良材，邂逅②不遭遇，耗火亡资财。据按依文说③，妄以言为之，端绪无因缘，度量失操持，捣冶羌④石胆⑤，云母⑥及矾磁⑦，硫磺烧豫章⑧，泥汞⑨相炼冶，鼓下⑩五石铜⑪，以之为辅枢。

【注解】

①学士：很有学问的人。

②邂逅：不期而遇。

③文说：书面文字。

④羌：地名。

⑤石胆：即胆矾。

⑥云母：云母石。

⑦矾磁：矾石与磁石。

⑧豫章：树名。引申为炭火。

⑨泥汞：含有杂质的丹砂。

⑩鼓下：冶炼金石，铸造器物，亦指烧炼。

⑪五石铜：指五色石，金石药物类。

【释义】

历来社会上有很多的学者，并具有高妙且负有良材的人，可惜因德行浅薄，遇不到明师传导，不得正法，枉费心力，白耗货财。其只凭书面文字上揣测，私意妄为，茫无头绪。一则不知大丹与何物有因缘，二则失去了法度，脱离了原则，却玩弄捣冶那些羌石胆、云母、矾石、硫黄等八石之类，或烧炼含有杂质的丹砂及五色金石药物，或以草木、八石、五金与人身性命不同的物质，辅助丹道之枢要，不知误己误人，十有九必败无疑。

杂性不同类，安肯合体居，千举必万败，欲點①**反成痴。稚年至白首，中道生狐疑**②**，背道守迷路，出正入邪蹊，管窥不广见，难以揆**③**方来。**

【注解】

①點：聪明。

②狐疑：犹豫不决。

③揆：揣测。

【释义】

岂不知这些草木、八石、五金杂性与人身真铅、真汞因不同类，是不会融合在一起的，因此，炼多少遍就有多少遍的失败。聪明的想法，自会变为糊涂，望于侥幸成功，但终得不到效果。唯有明哲的圣贤，才知修炼真丹的其中妙秘；而常人从幼年炼到白头，掌握不了其中的要领，在修炼的中途因见不到效验，就产生疑惑，随之改变主意，背弃大道，误入歧途，出了正宗，趋向邪径。这类修炼者，犹如以管窥天，怎能广见太空？因在修炼的起初糊涂，故难以揣测将来。

此章经义，伯阳祖师又恐后人，虽有高才多闻，如不得正法，不遇真诠，只凭书面文字的论述，就会误入歧途，以致"千举必万败"，"欲黠反成痴"，出正入邪，中道生疑，由于初步糊涂愈修与正道愈远，必难揆度将来的良好结果。

三圣前识章第十三

若夫至圣，不过伏羲，始画八卦，效法天地，文王帝之宗，结体①演爻辞，夫子庶圣雄②，十翼③以辅之，三君④天所挺，迭兴更御时⑤，优劣有步骤，功德不相殊，制作有所踵⑥，推度审分铢⑦。

【注解】

①结体：结合卦体推演出爻位。

②庶圣雄：平凡中的杰出者。

③十翼：《周易》中十篇易象著述。《彖》上下，《象》上下，《系辞》上下，《文言》，《序卦》，《说卦》，《杂卦》。

④三君：伏羲、文王、孔子。

⑤御时：统管时代，引申驾驭人类社会。

⑥踵：脚后跟，指继承者。

⑦铢：计量单位，二十四铢为一两。

【释义】

若谈到圣人者，没有能超过这三君的。伏羲以河图之象，取法天地之数而化成先天八卦，故《周易系辞》云："河出图，洛出书，圣人则之。昔者包牺氏之王天下也，仰以观象于天，俯以察理于地，观鸟兽之文与地之宜，近取诸身，远取诸物，于是始作八卦，以类万物之情，以此明其德矣。"文王居八卦之体，推演出六十四卦，并演出三百八十四爻，卦与爻均系有解释之辞。孔子将《周易》一书作了辅助，《象》、《文言》是阐述文王的卦辞；《系辞》、《说卦》是解释伏羲的先天八卦，《序卦》、《杂卦》说明六十四卦的次序及各卦之间的错综关系。所以三圣是出类拔萃的人物，都成为时代的统驭者。三圣各有所长，他们的功业、德行不相上下。《周易》的成书是三圣递相继承，由伏羲始画八卦，接由文王解释系辞，孔子最后又辅《十翼》，推测揣度审察分辨天地万物的轻重与情理。

有形易忖量^①，无兆^②难虑谋，作事令可法，为世定诗书，素无前识^③资，因师觉悟之，皓^④若褰^⑤帏帐，瞋目^⑥登高台。

【注解】

①忖量：揣度。

②兆：征兆。

③前识：天生的智慧。

④皓：洁白。

⑤褰：揭起帏帐。

⑥瞋目：睁大眼睛。

【释义】

本节说对有形的事物可以揣度估量，对无形的事物难以谋虑。为了对炼丹这种无形无兆难以度测把握的功理功法，使人们易于操持，所以依据《周易》的卦象及爻变写成《周易参同契》这部炼丹的书。伯阳祖师说：我不是生来就带有智慧，只是精诚专一，纯心慕道，故在长白山幸遇真人的口传心授，始识铅汞之理，龙虎之机。此时对修炼的功理功法，犹如揭开帏帐，站在高台睁眼远望，越看越深，越修越明悟，越炼越确切。

《火记》六百篇，所趣^①等不殊，文字郑重说，世人不熟思，寻渡^②其源流，幽明本共居，窃为贤者谈，曷敢轻为书？若遂结舌喑，绝道获罪诛，写情著竹帛，又恐泄天符^③，犹豫

增叹息，俯仰缀^④斯愚，陶冶有法度，未可悉陈敷^⑤，略述其纲纪，枝条见扶疏^⑥。

【注解】

①趣：同趋。

②寻渡：揣测。

③天符：这里指天机。

④缀：联结，汇集。

⑤陈敷：叙述。

⑥扶疏：枝叶茂盛而纷披的样子。

【释义】

本节陈述《火记》及修炼真诀的重要性。《火记》这部炼丹的著作共六百篇，其主要内容是取象周星运火之大数，故名《火记》。其实它与《周易参同契》都是反复详尽介绍炼丹的功理功法。关于《火记》的由来，已在前边介绍过，这里不再赘述。

探求炼丹的原理，只可暗中给仁义君子口传心授，怎能行诸文字不分贤愚的滥传呢？如果得贤人的保持缄默不传，真丹的修炼秘法即将绝灭，这样必受上天的责罚。如果将炼丹的秘法写在竹帛上，又怕传之非人漏泄天机。伯阳祖师说：俯仰进退真使人为难，况且炼丹法度微妙难以言传，也不能全部叙述详尽，在此情况下，不过大概将修炼真丹纲领陈述一下，只求精心诚意，自然可以在实际修炼的过程中将炼丹的微妙大旨一一领悟。

此章第一段是伯阳祖师赞颂伏羲、文王、孔子三圣结合天地阴阳的运化之道，推演出来的易理，同时还介绍了他本人根据易道而著《周易参同契》一书以阐发修炼内丹的真法至理。第二段是陈述古丹经《火记》的始由，并说明《周易参同契》一书虽将修炼之道的细节未详尽，是略述其要，但通过久持不懈的熟究精研之后，仍可以将里边的细节义理了悟。

金丹刀圭章第十四

以金为堤防[1]，水入乃优游，金计有十五，水数亦如之，临炉定铢两[2]，五分水有余，二者以为真，金重如本初，其三遂不入，火二与之俱，三物[3]相含受，变化状若神。

【注解】

①堤防：即堤坝。

②铢两：指剂量。

③三物：即金、火、木。

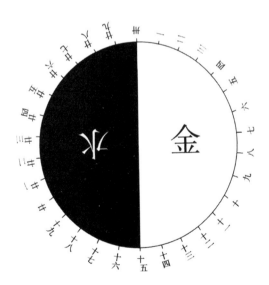

【释义】

千经万卷，假名易号，反复作比，其炼丹的真谛妙旨，莫不是以金水二物汇合凝聚而已，以此为鼎炉，以此为药物，以此为运用火候，由开始采药直至结丹仍均是此二物的作用。此二物始炼时有区别，真丹炼成后，鼎炉、药物、火候就成为一体。

离宫所产的水易于溢出，必以坎中生的金为堤坝，水才能优游自如地向正道通畅归流。所以使金水二者剂量相等，临炉时要掌握轻重，定其铢两。如水足够半斤，那金亦不能少于水的重量，经中讲的"二者以为真，金重如本初"即是此意。由此可以体会到，进火退符时，金水二者平衡协调，剂量相等最为重要。

此处虽只讲金水二者，未提到土，但金水二者全凭中宫土的媒介才能相恋相拘，互为管辖制约。故《周易参同契发挥》中说："升降名为金水，运时巽曰真风，盖升者金也，降者水也，而所以升降者土也。"本经中讲的"其三遂不入"，就是说看起来只提到金水二者，未提到土，其实金、水、土三者互为含受于其中。

经中讲的"火二与之俱"者，就是说金、水、土三者会于其间，而且木火仍容于其内。为什么？因为金水是魄，木火是魂，魄属形，魂是影，金水与木火之关系，有如影随形互不相离之妙用。金水是一物，木火是一物，中宫土是一物。运火行符法，这三物相为含受，互为融合，也就是金木交并，龙虎自伏，水火既济，阴阳会合，魂魄相拘，攒五行、合四象之妙用均藏于其中。这和第九章讲的"上弦兑数八，下弦艮亦八，两弦合其精，乾坤体乃成"，与第十一章中说的"子午数合三，戊己号称五，三五既合谐，八石正纲纪。呼吸相含育，储思为夫妇"的道理是相为发挥、互作解释的。此章反复论此进火退符之法。

下有太阳气，伏蒸须臾间，先液而后凝，号曰黄舆焉，岁月将欲讫，毁惟伤寿年，形体为灰土，状若明窗尘。

【释义】

当此之时，人身坎中一点真阳之气，无时无刻由下而上熏蒸，久而久之自然结成内丹。内丹形状首先是液体，然后变成固体，二物相拘之后，同入于中宫，故名"黄舆"。温养保护到一定时期，药物的性体全部变化了，其形就像灰土，又如明窗上的尘埃一样。

捣冶并合之，持之赤色门①，固塞其际会②，务令致完坚。

【注解】

①赤色门：指炉鼎。

②际会：鼎盖与鼎身结合处。

【释义】

本节说将固体灰土色的丹头捣冶调和后，可入鼎内，开始进一步加工烹炼。但将丹塞入鼎之后，封固鼎器，必须谨慎小心，一意独守。

炎火张于下，昼夜声正勤，始文使可修，终竟武乃陈。

【释义】

继之在炉下燃起真火，当此之时，炉鼎之内就会发出声音，在圣胎产生之后，可以用文火烹炼，将要胎圆之际，立即用武火烧炼。掌握火候是最重要的功法，使火候轻重缓急得宜，不得有过或不及。

候视加谨慎，审察调寒温，周旋十二节，节尽更须亲。

【释义】

本节讲以十二辰而周转，子时由尾闾穴起而进阳火，午时从泥丸退火，就这样周而复始，不断地文烹武炼，使鼎炉之内的丹基（即药物）不断变化，久而久之即将铅阴剥尽而属汞阳。

气索命将绝，体死亡魄魂，色转更为紫，赫然成还丹，粉提以一丸，刀圭最为神。

【释义】

本节说直到铅阴剥尽，纯阳之汞也就起了变化，汞的本身也就不存在了。也就是说两者（铅汞）通过烹炼之后，本身全可消解变化为真丹，所谓金液还丹，就是这个原因。其丹色紫有光，此时丹药虽然不多，其形状好像一勺粉，又似一丸药，但作用极大，变化极妙，功能极神。

此章经义是借炼外丹之法，发挥内丹炼养之道。首举金、水二物剂量相等来喻作进火退符之法，继阐烹炼药物之火候与药物入鼎温养之法度，并在章尾介绍了内丹的神力妙用。

水火情性章第十五

推演五行数，较约而不繁。

【释义】

本节是说金木水火土五行生成之理，如按《河图》中内外的生成之数推演，确简而不繁。《河图》内外两层，内层的一二三四五为五行之生数。一为北方木，二为南方火，三为东方木，四为西方金，五为中央土。外一层的六七八九十为五行的成数。东方三借五土为木的八成数，西方四借五土为金的九成数，十数本无，是《河图》内层的生数相加而成。北一加南二为三，再加东三为六，继加西四为十，土之成数为十。由此可见，土之成数为四象之综合，金木水火分列四方则为四象，如同归中宫，皆秉元于土，故本经前边说"三性既合会，本性共宗祖"。又说"青赤白黑，各居一方，皆秉中宫，戊己之功"。均讲的是这个道理，此理此数，既简又明。

举水以激火，奄然①灭光明，日月相薄蚀②，常在朔望间。水盛坎侵阳，火衰离昼昏，阴阳相饮食③，交感道自然。

【注解】

①奄然：微弱的样子。

②薄蚀：即侵蚀的意思。

③相饮食：即阴阳互为升降进退消长之意。

【释义】

本节讲如以水去激火，那火的光明自然由微弱而至尽灭。水火相淹克的道理，如同日蚀和月蚀一样，日蚀和月蚀常发生在初一和十五。月蚀是坎水盛行，淹克离火所致，日蚀是离火衰弱不敌坎水而然，故有白昼昏暗之象。这种阴阳水火互为感应交会的道理是自然的，丹道亦然。修炼真丹必依其法，人身水火互济、阴阳交会的妙用，亦如斯也。故彭晓注云："五行自居，阴阳交媾，火兴水退，水激火衰，日魂起于朔晨，月魄终于晦暮，雄雌相禅，砂汞相生，天地自然，丹之昭也。"人身的神气运行，犹如天地之间的阴阳消长一样，无形象可以睹视，故难以把握。如推演阴阳五行的进退升降理数，就自然明白修炼真丹的功理功法了，并且是简单而不繁杂的，使人易知易行。修炼真丹的主要原理，是以人身先天的真水、真火相等互济为用。天地间的阴阳升降互感是自然的，人身的水火相交仍是自然的。

名者以定情，字者缘性言，金来归性初，乃得称还丹。

【释义】

名者是根据事物之情理去裁决，字者是依其事物之性质来命立，名与字均由同一物体而定。伯阳祖师在此段经意中，以木代先天之性，以金代后天之情。人的性与情同秉着一点虚灵本无二体。这点虚灵，静就是性，动就成为后天之情。从《河图》中可以看出，金本生于东方，寄体于西邻；从方向看，东西则是相反，情本由性中而生，但情动之后，好比金木各处东西而无有关系。修丹者可悟此意，使情（金）返归其性（木），也就是使后天之情返先天之性，所以称"还丹"者，就是这个意思。

吾不敢虚说①，仿效圣人文。古记题龙虎②，黄帝美金华③。淮南炼秋石④，玉阳⑤加黄芽⑥。

【注解】

①虚说：即无凭之谎言。

②龙虎：指龙虎经。

③金华：指金丹。

④秋石：果实成熟在秋季，比喻炼成的真丹。

⑤玉阳：古仙人。

⑥黄芽：形容人身铅汞二物，归于鼎炉烹炼后，真丹的始生状态，如刚出土的草木，黄而柔软。

【释义】

这段经义说《周易参同契》这部炼丹著作，不是无凭的虚构，而是取法先贤古圣的遗作和经验写成的。古人将炼真丹的微意妙用，假名易号，有"龙虎"之说。黄帝赞美真丹为金华，淮南王刘安炼就成仙之后，称金丹为"秋石"。古仙人王阳修成正果之后，嘉慕真丹为"黄芽"。

贤者能持行，不肖①毋与俱。

【注解】

①不肖：指品德不正的人。

【释义】

以上列举的古圣先贤，以体道为宗，智慧力大，心地坦荡，故能久持不懈。胡作非为的小人，以名利为务，愚蠢沉溺，心地昏暗，德行全无，根本连人间正义都不懂得，怎能与他共参天地之正气，同体虚无之妙道，证果成真之妙旨呢？

古今道由一，对谈吐所谋。

【释义】

自古至今，法无二门，丹道一理，千经万卷，莫不过铅汞合凝、神气归一、返情归性，均以此为根宗。《周易参同契》一书将此一意全部向后人倾吐。

学者加勉力，留念深思惟，至要言甚露，昭昭不我欺。

【释义】

只要学者们勤奋努力研持，反复深思，"诵持万遍，妙理自明"，方知其中无丝毫欺隐之处。

此章经义前半边是以至简不繁的五行生克之数理，设喻炼养的返本还原之道。后半边分了三节。第一节是阐明性情与名字，名虽有二，同秉一体的关系。同时介绍了后天之情返先天之性，是谓还丹的道理。第二节说明《周易参同契》的著述，是本着古圣先贤的修炼实践经验而来，其中没有随意虚构的内容。并且介绍了古代修炼已成正果而登仙的皇帝、淮南王、王阳仙人等。第三节勉励后人，遵循此法，久持不懈，其理自明，功效自验，绝对不是自欺欺人的狂言妄谈。

中
篇

阴阳精炁章第十六

乾坤刚柔，配合相包。

【释义】

乾为天，属阳，其性刚健；坤为地，属阴，其性柔顺。乾阳下交于坤阴，自然刚柔互济，阴阳交会，在自然界则万物生，在修丹则药物产。上篇首章讲"乾坤者易之门户，众卦之父母"，是阐鼎炉之法象，丹道之总纲。此处说的"乾刚坤柔，配合相抱"是论刚柔相当阴阳互施的内养之道。

阳秉阴受，雄雌相须。

【释义】

此处讲的"秉受"、"相须"仍指的是阴阳交媾之意。乾为阳而主动，有播施之功，故称"秉"。坤为阴而被动，有受养之能，故称"受"。这和前边说的"雄阳播玄施，雌阴化黄包"是同一道理。天地始交之后，在阳施阴受中，万物自然生茂不息，在修丹时就是凝神潜入于坤炉之下，则自然药物产；移坤守于乾鼎之中，而自然丹道成。《周易参同契发挥》中说："作丹之时，以乾阳下交于坤阴，使呼吸相含，刚柔相当，配为夫妇，打成一片，神气归根，性命合一，而至药孕于其中也。"

须以造化，精气乃舒[1]。

【注解】

①舒：宽畅、愉快。

【释义】

人身造化与天地同途，天地无有自私的自生之心，故能长生。人能虚心，阴阳自调，水火自济，自然与天地之机相应，百脉通畅，神清志爽，体健舒适。

坎离冠首，光映垂敷①。

【注解】

①垂敷：此处当普照讲。

【释义】

坎离二卦，在天则为日月，性体属于阴阳，在地即水火。天地之间的万类生灵，全赖阴阳之运度，水火之互济，日月之往来，它的光耀普照四方。因之说"坎离冠首"。在修炼来讲，坎离为炼丹的首要药物，所以坎离二者的作用，是唯一的修丹元素，它可以在人身流布四肢八脉，普照周身百骸。

玄冥难测，不可画图，圣人揆度，参序元基①。

【注解】

①元基：即事物的根基。

【释义】

坎离在人身则为元精与元神，元精与元神的妙用，则"恍恍惚惚，冥冥杳杳"，无形无象，难以测度，更不能用图画来描绘。古圣先贤在久持不懈的实践中，循其人身阴阳消长之序，心悟神会，方知人身造化本源及修炼的炉鼎、药物、火候其根基均在于玄牝。故老子曰："玄牝之门，是谓天地根。"

四者①**混沌**②**，径入虚无，六十卦周，张布为舆**③。**龙马就**

驾，明君御时④，和则随从，路平不邪，邪道险阻，倾危国家。

【注解】

①四者：指乾坤坎离四卦。

②混沌：即混合为一的意思。

③舆：车子。

④御时：统摄时势。

【释义】

初炼时，乾坤两卦为炉鼎，坎离二卦为药物，得药之后，鼎炉即药物，药物即鼎炉，四者混为一体，当此之际，虚无杳冥，清静自然，其余六十卦为周天火候，鼎炉、药物、火候三者俱备。犹如一辆车子运转一样，周而复始，由马龙牵引，按序进行，君主乘坐其中，统御支使，政通人和，万民康乐，四海宁静。好比车子行在坦途，不假造作，平安无事。如不循序而行，有为造作，就走向歧路邪途，崎岖险阻，时有倾覆之患。

《周易参同契》共分上中下三篇，互为表里，前后相应。上篇已将炉鼎、火候、药物的妙用全部倾吐。伯阳祖师唯恐后人未能悉究，误入歧途，故在中下二篇中反复为上篇作了详尽的解说。如上篇首提："乾坤者，易之门户，众卦之父母，坎离匡郭，运毂正轴。"这与中篇开头讲的"乾刚坤柔，配合相抱，阳秉阴受，雄雌相须"的意思相为扶助，互为衬托，都讲的是在修丹时，先把乾坤建为炼丹的炉鼎，次使阴阳交会，元精与元神同入于鼎炉之内，配合相抱，再用火候锻炼，药芽立见，大丹由此而成。乾坤虽为鼎炉，但与药物、火候相互联系，古人将阴阳和合、坎离交媾这一妙旨列举较多："（或名之曰）龙虎交媾，又曰金木交并，又曰龟蛇蟠虬，又曰红黑相投，又曰天地交泰，又曰金土混融，又曰金汞同鼎，又曰金火同炉，又曰赤白相交，又曰日月同宫，又曰乌兔同穴，又曰夫妇合欢，又曰牛女相逢，又曰牝牡相从，又曰魂魄相恋，又曰水土同乡，究而言之，不过心息相通而阴阳内感，神气交接。"（《周易参同契发挥》）

此章经义的后尾，将鼎炉、药物、周天火候的法象，以一辆车子作比喻，因周天火候有着无限的神妙功用，故以"龙马"作喻。修丹之时必须正心诚意，清静自然，无思无为，精思固守。将此意又以人君治国统众作例，这和上篇说的"或君骄肆，亢满违道，或臣邪妄，行不顺轨……辰极处正，优游任下，明堂布政，国无害道"的意理相通。

君子居室章第十七

君子居其室，出其言善，则千里之外应之。谓万乘之主①，处九重之室②，发号出令，顺阴阳节，藏器③俟时，勿违卦月④。

【注解】

①万乘之主：此处当心神讲。

②九重之室：指人君所居宫殿。

③藏器：怀有德才，此处当存心静念讲。

④卦月：指十二月卦的排次。

【释义】

此节经义仍借身负治理大国重任的君主作比喻，来说明在修丹时，必须顺应人身的阴阳节度、不可违背时令的道理。《周易》中就有此意：君子虽居住在室内，但他的言行却影响着整个国家，如说出善话，虽在千里之外，都可以相应顺从。修炼真丹同样，人心虽处在人身的方寸之地，但心地的动机，可以影响感应着百骸脏腑，四肢八脉。既此，修炼时必须心正意诚，心若太虚，内外贞白，内脏调泰，百脉顺轨，自然神清气爽，犹如人君居其室，其出言善，内臣供职，万民拥戴。相反，如心存邪僻，灵台不静，以致六腑不调，经络相错，自然周身不适，相似人君居其室而不出善言，导致朝臣离职，百姓谋反，四海图攻。既知如此，君主处在九重宫中发号施令，必须顺乎天地阴阳之序，符合万民之情。同样道理，修炼内丹时，存心绝念，含光内敛，以待一阳初动，顺应消长，随其节度，不可违背十二月的进退升降。这和前边讲的"发号顺节令，勿失爻动时"是同一道理。

屯以子申，蒙用寅戌，余六十卦，各自有日，聊陈两象①**，未能究悉。**

【注解】

①两象：即屯蒙两卦。

【释义】

八卦分阳卦与阴卦两类，乾、坎、艮、震为阳，巽、离、坤、兑为阴；地支亦列阳支与阴支两方，子、寅、辰、午、申、戌为阳，丑、亥、酉、未、巳、卯为阴。阳顺行，阴逆转。屯卦由上坎下震两卦组成，震卦初九爻配地支为子，坎卦六四爻配地支为申，因此说"屯以子申"。蒙卦由上艮下坎两卦组成，坎卦初六爻配地支为寅，艮卦六四爻配地支为戌，因此说"蒙以寅戌"。从六十卦的卦象来看，始于屯、蒙，终在既未，阴阳互相交错，各自有所不同，其实均以此两卦为例，用"别昼夜，分进退"来比喻进火退符的道理。同时，将上面所讲的子、午、卯、酉的分界春、夏、秋、冬的时令，金木水火之四象，咸论于其中，虽然简而不繁，如将火候程序不层层设喻，步步详述，只陈设屯蒙两卦，还是不能将炼丹火候的微妙玄理叙述清楚的。

立意设刑①**，当仁施德**②**，逆之者凶，顺之者吉。**

【注解】

①刑：在这里指阴盛，阴为肃杀，故称刑。

②德：在此处指阳盛，阳主长生，故谓德。

【释义】

万事万物随其阴阳消长的妙用是阴杀阳生，但杀中含生，生中藏杀。例如，一年的秋冬两季虽属阴，万物凋零收藏，草木在收藏中又含着生机。春夏两季虽属阳，万物长生繁茂，但草木在丰茂中又含着杀机。将此意涉及修丹，就是把早晨作为屯卦，屯者，这里比喻草木始生之意，所以为阳为德。将晚昏作为蒙卦，蒙者，在此处喻为草木收藏之意，所以为阴为刑。屯卦与蒙卦正好是一个倒转，故称错向，就是在炼丹时应当由子至巳，可以进阳火，也就是经中讲的"立义设刑"。这和上篇中讲的"赏罚应春秋，昏明顺寒暑，爻辞有仁义，随时发喜怒"的意义相通。修炼时，当武则武，当文则文，顺着火候节度循行则吉。否则，不但不成功，反而导致失败。失败就是凶，故曰"逆之者凶"。

按历法令，至诚专密，谨候日辰，审察消息，纤芥不正，悔吝为贼。

【释义】

在依法顺令的过程中必须志诚专一，不可轻忽，心无二意，精思周密，慎待时机，审察变化，稍有不适，立即看到强贼似的仇恨。

二至①改度，乖错委曲②，隆冬大暑，盛夏霜雪，二分③纵横，不应漏刻④，水旱相伐，风雨不节，蝗虫涌沸，群异旁出，天见其怪，山崩地裂。

【注解】

①二至：指冬至与夏至，也就是阳极阴盛之时。

②委曲：即悖谬之意。

③二分：指春分和秋分。一年中阴阳消长由此分界。

④漏刻：漏是古代滴水计时的工具。刻指时间。古人将一昼夜分为一百二十漏刻。

【释义】

修炼内丹时，非同小可，务必一心一意，审节候，顺时令，慎心修持，运用火候，不差毫发，其功必就。火者乃身中自然之火，候者乃身中天然之候，调其文武，审其寒温，如火稍微，急用巽风吹之，倘火炎上，须以土来掩藏，调停运用，使其轻重缓急得宜，预防太过不及之患。倘有悬殊，如悖谬了节令一样，气候亦随之改变。夏季阳极，本应炎热，反而布降雪霜，冬至本应寒冷，反而呈现暑热，春分、秋分本应气候温平，因失节令，亦会改变正常的气候。水寒不调，风雨互相攻伐，瘟疫流行，蝗虫四起，奇形怪状的异物遍地逞凶，致使山崩地裂。在修丹来说，不慎火候，用火不当，同样会带来各种灾殃。

孝子[1]**用心，感动皇极**[2]**，近出己口，远流殊域。或以招祸，或以致福，或造太平，或兴兵革，四者之来，由乎胸臆。**

【注解】

①孝子：此处借指能摒众缘、绝妄想、致虚守静的虔心。

②皇极：指天地及主宰者。

【释义】

因此，唯有心志专一，谦谨诚意，才能感动皇天上帝，方可扭转乾坤，降来泰康。人说话虽是小事，但话已出口即可传布他乡，故《易》曰："言行君子之枢机，枢机之发，荣辱之主也。"不可不慎。此段说的或招祸或致福，或兴太平，或动兵戈，此四者皆由心机所动、口中所发而招来的。修丹同样，或成功或失败，或有不良反应，或有正常的效果，都由心正不正、意诚不诚、火当不当所致。

本章继借"君子居其室，出其言善，则千里外应之"的道理，来比喻修丹时，必须虚心静守，反观内照，内感外应，人身的四象自然归并，坎离交媾，阴阳相须。这又和上边所说"处中以制外"的道理相通。伯阳祖师又借人君发号施令，顺阴阳节的这一道理，来阐发修丹时用火的功理功法。上古圣君顺令布政的方法是：每逢孟春时，则令相职文臣布德和令，孟秋时则使将职武臣选士厉兵。此意用在丹法上就是说，人身真铅属金，列处于西，其性刚爆，藏于坎中，须用武火猛煅。其汞属木，列处于东，其性温柔，隐于离中，只用文火烹炼。人身的气血盈虚消息实与天地造化同途，因此修炼时，无论采药、抽添、运用沐浴交结，一一按历法，取法天地造化而为之。虽知此理，但临修之时，须紧密慎行，不可轻妄。朝行暮辍，乍行乍停，恍惚不定，动摇不稳，皆必致败，应慎终如始，则无败事。

动静有常，奉其绳墨①。

【注解】

①绳墨：木匠用以直木的工具。此处指修丹法则。

【释义】

阴阳消长之理，动极则静，静极则动，动静皆有常规。人身的火候运用，动静伸缩与天地阴阳消长进退同样有一定的常规。修丹时必依常规法度运用火候，当静则静，当动则动。依天时作例，每到夏至，阳极生阴，也就是动极反静的时候。每逢冬至，阴极生阳，也就是静极生动的时候。修丹的进火退符就在二至之初。

四时顺宜，与气相得。

【释义】

四时，指人身中的子午卯酉。子应冬，午应夏，卯应春，酉应秋。子进阳火，午退阴符，卯酉沐浴，这样顺应四时节令调停运用，才能使人身中的水火均平，与四季的气候相适应，温平寒暑各得其宜。

刚柔断矣，不相涉入。

【释义】

刚柔仍指文武火而言，炼丹的文火与武火断然不同，在采药归炉时，必用武火猛炼，内丹将成时，可用文火温养。上面讲过当文则文，当武则武，绝不能相为互换，互为涉入。

五行守界，不妄盈缩。

【释义】

合四象，簇五行，是为修炼之要领。人身的四象环列四周，东西南北而各有界，不可任意伸缩。土居中宫以应四方，这和上篇讲的"青黄赤白，各居一方，皆秉中宫，戊己之功"的道理是相通的。

易行周流，屈伸反覆。

【释义】

易，在自然界则为阴阳，在象则为日月，在地则为水火，在人身则为精气与神。使四象各守其疆界，不能任意收缩延伸，人身的阴阳才能顺行周流，进退盈缩，无有失错之弊。

同时又反复阐发阴阳动静之理。依其法度，顺应人身四时的气候变化，文武火得当，同时说明人身的阴阳之气，循任督二脉上升下降，亦同日月运于黄道，昼夜往来，川流不息。

此章首借君主之道，在发号施令时，必符民情、顺节令的御政之道，喻修丹运火必至诚专密，审察消息。同时告诫说，在运火行符过程中稍有差失，应立即纠正。如不慎重，就会导致山崩地裂之灾祸。同时指明进火退符在二至之初。在章尾还说明在运火行符时，当文则文，当武则武，不能文武颠倒。

晦朔合符章第十八

晦朔①之间，合符②行中。

【注解】

①晦朔：即每月的三十和初一。

②合符：阴阳交会。

【释义】

　　每月三十日与初一半夜之前，日月合璧之时，是修丹采药的良机。"晦朔之间"即在一天来讲，是亥子交时；在一月则为三十与初一日半夜；在一年则为十月与十一月冬至节。天地的阴阳于此交会，所以草木在此时萌生，人身的元精与元神仍于此时而交会。故历世仙人慎用此时，不先不后正当其中采药烹炼。

浑沌鸿蒙①，牝牡②相从。

【注解】

①浑沌鸿蒙：指天地未分，阴阳未判，唯有一元之气充塞于宇宙。

②牝牡：即阴阳。

【释义】

　　在天地未分之前，阴阳混于其中，神凝气聚，融为一体，故称先天一气。修炼之法，别无二求，只采其一气为金丹之母，经朝夕殷勤，精思固守，文烹武炼，金丹必成。这与上篇讲的"混沌相交接，权舆树根基，经营养鄞鄂，凝神以成躯……于是仲尼赞鸿蒙，乾坤德洞虚，稽古当元皇，关雎建始初，冠婚气相纽，元年乃芽滋"这段经义一脉相承，均阐发人身金水合符之际的法象。

滋液润泽[1]，施化流通。

【注解】

①滋液润泽：指阴阳互交，日月相持，自成其变化。日魂施精，月魄受化，当此之际，人身的精气自然潜通，滋润濡泽，布散生化，流注四肢，畅通表里。

天地神明，不可度量。

【释义】

人身真火发起之机，玄妙至极，非志诚之士难以把握。非但常人如此，连天地神明都难以度测。这又和上篇讲的"元精眇难睹，推度效符征"的道理互为表里，相为阐释。

利用安身，隐形而藏。

【释义】

在人身药物将产之际，应塞兑闭门，瞑目端坐，口缄舌气，心神内守，似鸡孵卵之状。"其时含光默默，返照其内，一呼一吸，悠悠绵绵，迤逦归于命蒂，久之但觉冥冥杳杳，如临万丈不测之渊潭，此乃神气归根复命，金液凝结之时也。"（《周易参同契发挥》）

始于东北，箕斗[1]之乡，旋而右转，呕轮吐萌。

【注解】

①箕斗：是二十八宿中的两颗星。

【释义】

　　此节借月象的出没比喻人身阳火启运之初的景象，月的消长盈缩规律是：在每月月晦失明的东北方向，二十八宿的分布是箕星占东方青龙七宿的最后一位，东方青龙七宿由东向南开始逆排，正好箕星在东北方向，斗星是占北方玄武七宿第一位，北方七宿排列次序先由东北方向开始。由此可见，东方青龙箕星和北方玄武的斗星在东北方向。十二辰的丑寅支亦分布于东北，十二支分阴支与阳支两类。子寅辰午申戌六支为阳，阳支代表天，其运行规律是左旋，左旋为顺。丑亥酉未巳卯为阴，阴支代表地，其运行规律是右旋，右旋为逆。天道左旋由地支正北子位开始；地气右旋，由地支东北丑方起步。"始于东北，箕斗之乡"，以此比喻人身阴阳交会之后，阳气由此而始生之意。

潜潭见象，发散精光。

【释义】

　　月晦之日，常人以为月失光明于东北方向，其实不然，月丧其光的下弦虽在艮，艮卦按八卦的排列，正在东北方向。艮卦之象倒转，即为震卦，震卦初爻的一阳，象征着月光先由下弦始萌。由此可见，月晦之日，月失其明的东北阴暗处，潜藏着将要发散的精光。

　　昂毕①之上，震出为徵②，阳气造端，初九潜龙③，阳以三立④，阴以八通。

【注解】

　　①昂毕：是二十八宿西方白虎七宿中的二宿，位于西南。

　　②徵：即征验。

　　③初九潜龙：在这里借乾卦初爻来阐述人身真阳生之时，君

子尚未有大展雄才之机会。

④三立：指月象在每月初三黄昏时，出现于西方。由初一至初三正好三日，混沌初始，阴阳初分，生人生物的程序亦是如此；天开于子会，地辟于丑会，人与万物生于寅会。由子至寅，阳气盛，万物茂，正好历子丑寅三会。从一年来讲，每逢十一子月，阳气始生于下，十二月丑月阳气渐生，正寅月阳气始透，斗柄回寅，三阳开泰，冰消雪解，草木始萌，万物初动。由十一月至十二月到正月仍是三数，由一日来讲，半夜子时阳动气始，丑时阳气渐壮，寅时阳气旺，东方始亮，日光将出，仍为三数。因此说"阳以三立"。

【释义】

为了使人更明确地掌握火候，故此节将乾坤六爻设论其间，以明人身阴阳消长的情理。又以二十八宿箕斗、昴毕分列方位，由每月的月晦之日历三日正是初三，月象从西南申未之间昴毕二星的位置上，始见下弦生光。常言道："西江月，庚方月。"正是指此而言。由于月的下弦生光，根据纳甲推运，八卦中的震卦，其象二阴一阳，在初三的月象正是如此，因此纳初三对应的震卦。因阳火征验在震，故曰："震出为征，阳气造端。"阳气始生之时，应当文火温养护理，不得操之过急，故以乾卦初爻"初九，潜龙勿用"的辞意来做喻。太阳的消长规律是逆行'左退右转'，由北转西，由西向南，这一阶段是月亮下弦生光的过程，故称"下弦"。又由南向东，由东向北，这一阶段是月亮上弦生光的过程，故称"上弦"。上弦与下弦循环一周，就是一月的晦朔之间，其方位正在东北箕斗之地、丑寅之方。太阳由此又复转下个周期，历至初三，月始见光，一阳出动，因此说"阳以三立"。在每月初八日，是阳长阴消，月的下弦大半生光，其象纳兑。兑为少阴，因此说"阴以八通"。

三日震动，八日兑行，九二见龙①**，和平有明。**

【注解】

①九二见龙：见，读现音。借乾卦二爻，因由幼已壮，比喻君子逢时，可现身干事，故其爻辞曰："九二，见龙在田，利见大人。"

【释义】

此段仍以历三日震下一阳初动，八日少阴兑卦的阳长阴消来说明上文"阳立三日，震出为征，阴以八通"的意思。又以兑卦阳气由下弦渐长之象，借乾坤二爻之情来说明此意；乾卦二爻辞意是"见龙在田，利见大人"。孔子解释此意曰："见龙在田，德施普也。"又曰："龙德而正中者也。"意即：龙德出潜离隐，阳刚渐增，由幼而壮，其德才可居于高位，虽尚未成功，但居卦爻之中，不偏不倚，中正无私，已具备将要成功的基础，因之故称"大人"。有品德的君子，以中正立身，言行举止，谨慎有节，言无狂妄，行贵真诚，不夸不傲，道德广博，可感天下。因之又说，"德施普也，龙德而正中者也"。将此意用于丹道，就是人身的阴阳中平，明暗相半，此时阳气虽长，阴气渐消，但阴气还未剥尽，是阳中有阴，阴下有阳，也就是德中带刑，生中有杀。当此之际，应慎守保护，调理温养。

三五①**德就，乾体乃成，九三夕惕，亏折神符**②**，盛衰渐革**③**，终还其初。**

【注解】

①三五：指十五望日。

②神符：这里指卦象。

③革：改变。

【释义】

阳长阴消，阳进阴退的趋向是大势所迫。由初八再历七日，地支在辰巳之间，正得三候，十五恰得月望，月圆无缺，三爻俱阳，阴气俱尽而纯乾。因之曰："三五德就，乾体乃成。"将此意用乾卦三爻的辞意作比喻，乾卦三爻的爻辞是："九三，君子终乾乾，夕惕若，厉无咎。"意即：君子整天不懈地保持真诚信实，谨慎勤勉，增进品德，营修功业，时刻警惕慎行，遇到险难，方可避免祸害。故象曰："劳谦，君子有终吉。"将此意用于修丹，就是药物已入于鼎炉之中，金精盛满，火彻太虚的时候，到此时，定要小心谨慎，耐心烹炼，方免火亢药溢之患。"九三夕惕"者就是此意。总之，月的长消之道是盈极必亏，应之于物，刚则必折。从卦象上讲，阳极生阴，故人身之阳火由此收退。故曰："亏折神符。"循环往复，周而复始，时时不停，在于变化之中。

巽继其统，固济操持，九四或跃，进退道危。

【释义】

阳极反阴，月盈必亏。月至十六，月下始缺，取卦象为巽，二阳一阴，象征阴气渐长，阳气渐消。由巽卦可以说明，修炼者当在人身阳气充盛顶极时，应当固济阳德，用一阴来调理护持，才能使阳气收敛，方免因过急而遭沸溢之灾。此机应于卦象，如同纯乾之卦第四爻，其爻辞曰："九四，或跃在渊，无咎。"孔子释曰："上下无常，非为邪也，进退无恒，非离群也，君子进德修业，欲及时也，故无咎。"九为阳数，四为阴数，而九阳居在阴位，以致均无一定，也无害处，并无邪念。君子增益品德，营修功业，都适用时机，所以不遭祸害。修炼来讲，鼎内药物及阳火到此程度，应随时机调停运用，不敢任意妄作，方免咎祸。

艮主进止，不得逾①时，二十三日，典②守弦期，九五飞龙，天位加嘉。

【注解】

　　①逾：越过。
　　②典：主。

【释义】

　　每到二十三日，月象下弦一半亏缺，应卦象为艮，其卦辞曰："艮，止也，时止则止，时行则行，动静不失其时，其道光明。"其意思是说：行止各有其时，不可过时而迷其道，故曰"艮主进止"。由艮卦可以说明，在修炼来讲，进火候已满，应日日申酉之时，阳火进此为正，这时鼎中的金水复均，其阳气渐渐稳定归藏。正值二十三日，月在下弦之期，此时应主守下弦，乾坤应卦象为第五爻，其爻辞曰："飞龙在天，利见大人。"孔子释曰："同声相应，同气相求，水流湿，火就燥，云从龙，风从虎，圣人作而万物睹，本乎天者亲上，本乎地者亲下，则各从其类也。"其意是说：用龙高飞在天上来形容大展雄才，治国理民，在圣德的君子升登九五之位，得志喜悦，故曰"九五飞龙，天位加嘉"。此时万类显明可见，并各以类相从而发挥作用。圣人治世虽是普施大德，但对危国害民的不善者仍用义以裁制，是德中有刑，生中含杀之意。当此之时，修炼来讲，一阳虽升于上，但阳以盛期，故应以卦固沐浴。

　　六五①坤承，结括始终，韫养众子，世为类母③，上九④亢龙，战德于野⑤。

【注解】

　　①六五：指月晦之期。
　　②韫养：孕育抚养之意。

③类母：万物之生育者。

④上九：指乾卦第六爻。

⑤战德于野：指坤卦第六爻。

【释义】

在人身真阳行至于此，像月晦之期的月象一样，其光明全丧于东北方向，应卦象为坤，三爻俱阴，此时坤阴承接乾阳，晦朔相继，阴阳互交。月象的晦朔弦望是一月六候，由震始生，至坤终结，因此说："乾坤始终。"坤为阴体，月之盈亏出没，弦望晦朔以及六子众卦皆赖坤体养育，有包藏孕育、抚养万类之德，故为众物之娘亲。应乾坤上九爻，其爻辞曰："上九，亢龙有悔。"孔子释曰："贵而无位，高而无民，贤人在下位而无辅，是以动而有悔也。"意为：龙高飞于此，已到穷极，这是比喻身得荣贵，脱离下民，只知进取，不知退隐，高傲在上的一种人。所以，有贤才的人不愿为他效力。如再不省悟，继而妄动，将有悔恨。故老子说："富贵而骄，自遣其咎。"以炼丹来讲，行火于此，应该停止。由此可见，众卦都赖乾父以资始，坤母代终，炼丹以乾坤为炉。上为乾似鼎，下为坤似炉，药物开始由下坤炉中产生，然后随火向上升发，升至乾鼎，复降于坤炉。这种情况相似草木，由每年冬至一阳动时，开始生长，然后随四季节气由小而壮，由壮而老。总之，草木的生长收藏，虽赖天时的四季节气，但时时不离大地土壤。人身药物亦然，虽然由下炉长生，随火候渐升上鼎，但仍时时不离坤炉，因之，坤体就是抚育孩子的母亲。阳极必返阴，这是自然之序，其势所迫，谁也不能违抗。在此过程中，阴阳不相上下，其势必相争斗，因曰："战德于野。"

用九[①]**翩翩，为道规矩，阳数已讫，讫则复起，推情合性，转而相与。**

①用九：九数为阳，乾卦六爻俱变，故称"用九"。其辞曰："用九，见群龙无首，吉。"乾卦六爻俱阳，且俱变为众多之象，故曰"群龙"。乾为首，如以阳刚再居首位，几招祸端，故皆变为坤柔，群龙不以首位自居，这才刚柔兼济，故吉。

【释义】

自然界就在阴阳斗争中孕育生机。阳极生阴，阴极生阳，周而复始，乾变为坤，坤复变乾，往来伸屈。阳不能因高亢而受伤，阴不能过盛而致克。如同鸟的飞翔，翩翩然上下翻舞，这是天地阴阳变化的自然法度。在人身修炼来讲，就是神气从天根下升起，升至月窟，由月窟复降天根，往来伸屈循环上下，无有休止。故丹经中说："天根月窟常来往，三十六宫皆是春。"人身的一点虚灵，寂然不动，故为性，也就是情静复为性。因目张神驰，只见性动，而又反为情，情性互为体用，若体用从其正而不偏，如同天地相互作用、刚柔兼济、阴阳相合一样。

循①环②璇玑③，升降上下，周流六爻，难可察睹，故无常位，为易宗祖。

【注解】

①循：因。

②环：依。

③璇玑：是北斗第四星，玉衡是北斗第五星，或曰北斗七星，由第一至第四的一节是璇玑；由第五至第七星的一节为玉衡。

【释义】

北斗星分璇玑（斗杓）、玉衡（斗柄）绕紫微星运行，每月顺十二辰次向前移一位，故月期以此而分，季节亦以此而定，周天众星是因依北斗星的法度而运转，阳极生阴，阴极生阳，周而复始于天地之中。乾变为坤，坤变为乾，往来伸屈于六爻之间，刚柔相易，变化不居，没有一定的常位，故难以察睹，这正是天地阴阳变化之道的根本。

此章经义是将丹道火候，又借月之始终作比喻，一月有六候，六候又以震、兑、乾、巽、艮、坤六卦来配合三阴三阳。用此阐明亏盈进退之造化，又以乾坤六爻之辞义形容伸屈消息之情理，同时用乾卦之"用九"来阐发阴阳易位、物极必反的道理。总之，此章经义是将天地之道、御政之法、修丹之术，悉备敷设于其中。

爻变功用章第十九

朔旦为复䷗，阳气始通，出入无疾，立表^①微刚。黄钟^②建子，兆乃滋彰^③，播施柔暖，黎蒸^④得常。

【注解】

①表：即人身体外。

②黄钟：古人将十二地支分以记时、记日、记月、记年。一岁十二月，每月建一支为月建，十一月建子，一日半夜是子时，地支以子为首，但子之月、子之时在音乐十二律为黄钟，因曰"阴气始于黄钟"。

③滋彰：繁茂，显著。

④黎蒸：指旺盛的生气，如清晨之阳气。

【释义】

以此章为首，阐发大周天火候的要意。一月来说，则每逢朔旦，一日则半夜子时，一年则冬至节日。当是时，阴气已极，阳气由下始发，其卦象为震，此为天地阴阳的循环规律。人身除相应自然阴阳往复循环外，还有活子时。所谓一日内十二时，"意所到皆可为"正是此意，此时正为产药之机，应用先天纳甲阳升阴降的火候，即小周天得到周期毕，正子时到，才用大周天火候（即真正的子时）。亥子之交，一阳萌生，应冬至朔旦，此时阳气微弱，出入自然，以文火温养，不敢急躁，并加强保护。此时阳气虽微，但阳长阴消，其势不可挡，其气始通，律应黄钟，十一月正应斗柄指于子亥，为修炼内丹的基础。阳气在炉中，温和融暖，生气勃然，沿着正规而向上生长。

临☲炉施条①，开路正光，光耀渐近，日以益长，丑之大吕②，结正低昂。

【注解】

①施条：伸展，舒畅。

②大吕：十二月律之一，配十二月丑。

【释义】

临卦卦象二阳四阴，由临卦的二阳上进说明药物在炉内应阳气向上伸发，其道路通畅，并现光明，由此渐进，日日阳气增长，此时斗柄指于丑方，应一年月令为十二月丑，十二律为大吕，先低后昂，是大吕之象。

仰以成泰☷，刚柔并隆，阴阳交接，小往大来，辐辏①于寅，运而趋时。

【注解】

①辐辏：影射太簇，配正。

【释义】

泰卦三阴三阳，以泰卦明示人身火候已到三阴三阳，阴阳平衡，刚柔相等，说明人身阴阳交接到了阴渐消、阳渐长的时候。阴气主杀，故称小，阳气主生，故称大。消为减退，故称往，长为增进，故称为来。经中说的"阴阳交接，小往大来"，即为此意。其斗柄指于寅方，一年月令应于正月，十二律配太簇，当时正是进火之机，慎以趋时，不可有误。

渐历大壮☳，侠列①卯门，榆荚堕落，还归本根，刑德相负，昼夜始分。

【注解】

　　①侠列：光射夹钟，配二月。

【释义】

　　由此人身阳气渐渐长到壮大，阳大于阴，此时此刻大地草木亦由幼而壮，故称大壮。其卦象为四阳二阴，时令应于仲春，是春季正中一月，为二月，在一日则是日出卯时。每年仲春之季，昼夜相等，日出于卯，没于酉，斗柄亦指卯方，十二律应于夹钟，因此说"侠列卯门"。阳主生发，万物逢之生长，故称"德"；阴主肃杀，万物遇之凋零，故称"刑"，二月虽然阳大于阴，但四阳中，仍有二阴，故有仲春草木在生发过程中又有榆荚随阴杀之气，而有枯落之象。炼丹仍是如此，人身进阳火于此，阳气虽旺，但木中胎金，仍然生中有杀，德中带刑，故曰："刑德相负。"阴阳两停之时，应二月卯息符候也，也就是等到阴阳相等、水火各半、昼夜平分，正乃沐浴之时。因之又说："昼夜始分。"

**　　夬阴☱以退，阳升而前，洗濯①羽翮②，振索③宿尘。**

【注解】

　　①洗濯：影射姑洗，配三月。
　　②翮：音和，指鸟翼。
　　③振索：即抖落。

【释义】

　　夬卦☱五阳一阴，"夬者决也，阳决阴也。"此时虽阳气已盛，逼决一阴，但阴气仍然未尽，尚在鼎内留存，此时金砂在鼎内遇此阴气，就如鸟之高飞得水洗濯，羽翮抖落尘土那样去掉一阴，顺利前进，当时斗柄正指于辰位，十二律应于姑洗，一日相应辰时。

乾☰健盛明，广被四邻，阴终于巳，中而相干。

【释义】

由冬至一阳生开始，历复、临、泰、大壮至乾是为阳长阴消，小往大来，君子道长、小人道消的一个环节，其月令是十一、十二、正、二、三、四月，地支应于子丑寅卯辰巳，配十二乐律为黄钟、大吕、太簇、夹钟、姑洗、仲吕六律，方位是子午东半部。从六阴六阳的十二月消息卦来说，此六卦得六阳，阳火由复卦上进于乾卦，阳气盛满，斗柄指于巳方，律应于仲吕，月令即四月，乾阳刚健而且中正，纯粹支使万物，万类活跃，草木繁茂，故乾卦的卦辞曰："大哉乾元，刚健中正，纯粹精也，乾元，万物资始。"丹道同然，修炼内丹，此时正应阳火满盛，鼎内金胎遇纯阳之火，方可成器，同时，其光芒四射，四邻咸受沾益。然则，阳极必反，旺盛至此是为顶点，于是阴从下生，由此阴气来干犯于阳，从十二月消息卦来说，又转于六阴，从下渐长，六阳渐消。这又和上章讲的"上九亢龙，战德于野，用九翩翩，为道规矩，阳数已讫，讫则复起"的道理是相同的，均是发挥阴阳升降、往返运化之情理。

姤始☰纪序，履霜①最先，井底寒泉，午为蕤宾②，宾伏于阴，阴为主人。

【注解】

①履霜：此语是《周易·坤》卦初爻的爻辞，"履霜坚冰至"，意即：踏着了霜就可以知道天寒凝坚冰的时光将要来到。

②蕤宾：即十二律之一，应五月姤卦，五阳下生一阴，斗柄指于午方，时在五月，律应蕤宾。

【释义】

此时正是退火进水良机，阳火旺盛时，鼎内已伏有阴水，正在炎热，地下凉寒。姤卦的卦象上五阳爻下有一阴爻，正象征着五月的炎热，而井下之水又是寒凉，此时阳长阴消，其势必由一阴达至纯坤为止。因此，先履霜，后至坚冰。阳退阴长，乾由坤来继位，乾阳宾服于坤阴，所以坤阴逐渐将要代乾阳做主人。

遁世☰☷去位，收敛其精，怀德俟时，栖迟昧冥①。

【注解】

①栖迟昧冥：栖迟，游息昧冥，昏暗。在这里指不易被人察觉的处所，并影射林钟，配六月。

【释义】

遁卦四阳二阴，阴渐进而长，阳渐退而消。修炼内丹，应收敛精气于鼎内，犹如君子隐居避在不被常人觉察的地方，藏器于身，以待其时。此情此景以六月斗柄指未、律应林钟的道理作比喻。

否☰☷塞不通，萌者不生，阴伸阳屈，没阳①**姓名**。

【注解】

①没阳：有隐姓埋名之象，音律应夷则。

【释义】

夷，即杀伤之意，阳渐退藏，否卦虽三阴三阳，阴阳相等，但阴长阳消，其势必然，时在秋季，应于七月，斗柄指申方，律应夷则。此时阴气渐盛，阳气渐衰，阴阳不交，气息不通，故谓否。万物不生，草木凋零，阴气进展而旺盛，阳气退缩而收敛。炼丹应是金丹在鼎内收敛保固。

观☰☷其权量①**，察仲秋情，任畜**②**微稚，老枯复荣，荠麦**

芽蘗，因冒以生。

【注解】

①权量：权称锤，横是斗斛。

②任畜：能够养育。

【释义】

观卦四阴二阳，权其轻重，衡其多少，则阳小阴大，时应八月仲秋之季，昼夜相等，斗柄指酉，律应南吕，此时虽阴气旺盛，秋气主杀，鼎内仍有阳火。金得阴气随水相合，变化滋生。由此可见，杀中带生，所以枯衰又能复荣，从此稚嫩幼小的开始长生。所以，每逢仲秋八月，荞麦重出土分蘗。从炼丹来说，借此二八月昼夜相等，水火均衡之际，在进阳火的过程中，可用上弦沐浴之动；八月于退阴符的过程中，方施下弦沐浴之法。

剥☷☳烂肢体，消灭其形，化气既竭，亡失①至神。

【注解】

①亡失：影射无射，配九月。

【释义】

剥卦一阳五阴，阴盛阳衰，时应九月，斗柄指于戌方，律应无射，阳气消缩将尽，此时草木枝叶残落，阳气的生化之机已经衰竭，万物枯败，其阳气几乎全部消失。故易云："剥者落也。"

道穷则反，归乎坤☷元，恒顺地理，承天布宣。

【释义】

乾阳道尽，由此而反归于坤体，月令则由五月历六月、七月、八月、九月、十月，地支应午、未、申、酉、戌、亥，配十二乐律为蕤宾、林钟、夷则、南吕、无射、应钟六律，方位则子、午西半部。十二月消息卦是姤、遁、否、观、剥、坤。坤卦六爻俱阴，斗柄指亥，律应于应钟。此时天寒地凉，草木叶落归根，万物亦随之收藏保固。故《老子》十六章中说："夫物云云，各复归其根，归根曰静，静曰复命，复命曰常。"又在五十一章说："道生之，德畜之，长之，育之，成之，熟之，养之，覆之。"意即：当在阴阳运化到了阳尽阴极之时的十月，万物均由外向内收敛，当是时也，在表面看，是万物枯死，其实万物的生机返归于根底。

坤为地，是生育万物的母亲，属阴，乾为天，是资始万物的父体，属阳。独阴不生，孤阳不长，阴阳互为藉利，故万物生。因此，乾父必依坤母才能发挥资始之能，坤母赖乾父以成生育之功。自然界的万类生灵，皆在阴极生阳、阳极反阴、进退升降、往来伸屈的循环中生活着。天藉地，坤承天，生长收藏，变化不息。大则宇宙，小则毫末，生化无有遗漏之处。丹道同然，采药入炉鼎之内，依阴阳升降之道，进退火符，周而复始，龙虎降伏，魂魄抱于一母胎，坎离交会其中自有妙用。

玄幽[1]**远渺，隔阂**[2]**相连，应度**[3]**育种，阴阳之元，寥廓恍惚，莫知其端，先迷失轨，后为主君**[4]**，无平不陂**[5]**，道之自然，变易更盛**[6]**，消息相因，终坤复始，如循连环，帝王承御**[7]**，千载常存。**

【注解】

　①玄幽：指天高地深。

　②隔阂：阻隔不通。

　③应度：影射应钟，配十月。

　④先迷失轨，后为主君：首先迷糊而后终于顺利到达。

　⑤陂：倾斜不平。

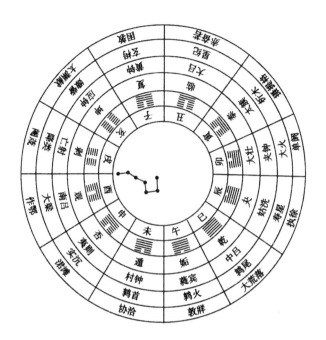

⑥更盛：盛衰交递。

⑦承御：治理。

【释义】

本节是此章经义的小结，重以天地阴阳、进退升降、往来伸屈、盛衰交递以喻修丹的火候之理，玄穹之天，其远而无所至极，其视冥幽之地，亦深而不可度测。从现象上看，相隔十万八千里，二者没有任何关系。实则不然，天地之间，日月往来，阴阳升降，进退伸屈，应其行度。天依地，地依天，其关系紧密相连，由此而长养万物。虽然如此，但阴阳之气的交感，在天玄地黄的寥廓恍惚之间，使人难以推究，不知头绪。炼丹同样，当坎离在鼎内交会之际，仍是寂寥空廓，杳冥恍惚，开始迷糊，偶然真种出现，恍然大悟，清晰明了，当是时也，为一阳复生之时。伯阳祖师特别提示，有修炼者因意念不坚，信心不虔，操持懈怠，以致久不见效而生悔慢的人。人身火候与天地阴阳的升降变化同样，无往（屈）不复（伸），如同大地，没有平处就不会再出现倾斜的地方，阴阳的消长之理自然和谐平衡。所以天地阴阳的自然变化是伸屈进退、否泰相济、复剥互变、消息相因、盈亏交潜。乾阳进而复于坤，坤阴竭而返归于乾，乾坤交递，循环不已。益水安全，行火止水，"四时符火，加减不失"，其味无穷。使用火候的妙用，如循天地阴阳的自然运化之道，不但可以成丹，更可统御天下。圣人取法此道，以致天下长治久安，千秋永固。炼丹如能遵而行之，定会成功。

此章经义是以一年六阴六阳的十二月，配合十二月消息卦，应对十二乐律，结合二十八宿，据斗柄运移指向的十二辰次，及草木应时的生长收藏之现象来阐明人身阴阳消长之证验。亦以此发挥丹道大周天之火候，详释本经第三章周天火候之大纲。中篇第三章与本章是对上篇讲的"数在律历纪"的详解，同时是与上篇第四、第九章论述的大小周天、八卦纳甲、火候程序相为照应的衬托。

养性立命章第二十

将欲养性，延命却期，审思后末，当虑其先。人所秉躯，体本一无，元精云布，因气托[1]**初。**

【注解】
①托：秉受。

【释义】
欲想达到养性，延长寿命，离开死期，须将欲想长生的念头放后，当应立志修炼在先。人所秉受的躯体，在未生之前本来一无所有。古人云："生我之前谁是我，我死之后我是谁。"假父母精气才成形体，元精始为气体，如同云雾似的流布，与元气互为依托，两者相接互交，阴阳合一，魂魄互藏，就这样才始有人身的胚胎。不但人身如此，动植物同样，在天地阴阳交感中而化生。故《周易》云："天地氤氲，万物化淳。"

阴阳为度，魂魄所居。

【释义】
元精属阴，元气属阳，阴阳各有行度，魂魄定居之后，人身百骸就自然俱备，性魂命魄亦随之而附躯。

阳神日魂，阴神月魄，魂之与魄，互为室宅[1]**。**

【注解】
①室宅：住所。

　　人身的魂为阳神，在卦为离，在天为日，五行为火。魄为阴神，在卦为坎，在天为月，五行为水。经中所讲"阳神日魂，阴神月魄"即是此意。魂无魄不能运化，魄无魂不能施用。日月互映，坎离相为匡廓，魂魄互为依赖，故二者不肯分离，互为室宅。

　　性主处内，立置鄞鄂，情主营外，筑固城郭，城郭完全，人物乃安。

【释义】

　　魂是性，魄是命。性之为德，常清常静，为人之主宰，处于宫廷之内，指挥着人身的精气神心。情之为德常动，为人身之护卫，而居于城郭之外，保卫民物。人身的魂魄相恋，情性互赖，这样就相似人君处正，城郭牢固，无外患之虑，亦无内变之忧，城郭之内的庶民与百物自然安息。用于修炼就是虚心静气，神气相依，心目内视，精自满，气自足，神自旺，性之与情，互为依辅，丹基自立。

　　爰①**斯**②**之时，情合乾坤，乾动而直，气布精流，坤静而翕**③**，为道舍庐**④**。**

【注解】

　　①爰：于是。

　　②斯：这，如此。

　　③翕：收缩。

　　④舍庐：在村庄之内的房屋为舍，野外房屋为庐，在此处比喻土釜，指温养内丹的丹田穴。

【释义】

性有先天后天之分，先天属性，也就是人身禀受太和中的一点真灵，它指挥着人身的一切。先天性被外界事物的影响感动，就变为后天的情。常言道："见景生情。"先天的性旺，则后天的一切都健壮；先天性衰，后天即枯。先后天互为依辅，相须为用。相反，后天的情欲愈重，又反伤先天之性。即此修炼内丹，必须先运用阴阳之行度，安其先天之性，减少后天之情，使情返归于性。这就是后天返回先天的微妙大旨。从卦象讲，就是抽坎填离，使后天坎离变为先天的乾坤，人之情性合成乾坤之后，内丹就开始结成。乾阳主动，其性刚直，坤阴主静，其性柔顺。乾坤交会，刚柔互济，动静和谐，阴阳平衡，坎离交媾，水火既济，当到这个时候，乾坤就成为和融之体。乾阳主动，故《易》曰："夫神，其静也专，其动也辟，是以大生焉。"又曰："云行雨施，品物流形。"它是说乾阳之性主动，并且刚直而不屈挠；乾阳之德主于播施，如云雨之布流，故布云施雨皆乾阳之德。在修炼来讲，乾之真阳，布气周行，乃化为精水，可流润于丹田。坤阴主静，《易》曰："夫神，其静也翕，其动也辟，是以广生焉。"又曰："坤原载物，德合无疆。"它是说坤阴之性主静，并且收敛而不散发，坤阴之德主于承载，似舍庐之荣受，故收容载物者皆坤之德。在修丹来讲，坤真阴，如同舍庐，凝神聚气，可蕴养灵胎。经中所讲的"乾动而直，气布精流，坤静而翕，为道舍庐"，盖是此意。

刚施而退，柔化以滋。

【释义】

乾为天，其阳刚之气播施于地，而后仍返于天；坤为地，其阴柔之精变化于天，而后亦还滋于地。天地互施，阴阳相须，万物的生杀之机尽含于此。

九还七返，八归六居。

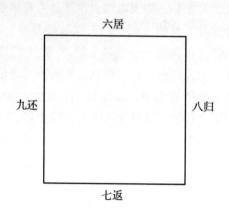

六居

九还　　　　　　　八归

七返

【释义】

　　九、七、八、六，分居四方，即金、水、火、木也。配卦象则为兑、离、震、坎，在方位则为西、南、东、北；以宿言之则为昴、星、房、虚；以动物言之则为虎、蛇、龙、龟；以时言之则为秋、夏、春、冬；以辰言之则为酉、午、卯、子；在人身则为魄、神、魂、精。经中讲的"九还"的"还"、"七返"的"返"、"八归"的"归"，均是复本之意。唯有六居者乃北方坎位，天一之数所居，此处是三界之祖，万类之宗。从宇宙宏观讲，即宇宙间的一点真一之气，它是天地之胚胎，阴阳之始起，万类之根蒂，造化之枢机，故天地万物的演化均是由此处开始。从人身微观来讲，乃是人身的一点元精真阳，其铅所居之地，它是人身的性命之本，魂魄之源，情性之机，神气之根。人身的性命魂魄以及身躯，亦由此胚胎。所谓还、返、归者，就是使金火木之正气，如辐之辏毂，皆来朝宗于北方之水。也就是使虎要还，雀要返，龙要归之意，因它们都不是胚胎的最初阶段，唯有北方水才是最早的胚胎形象。故坎宫的天一水位，不还不返，不归不变而自居不动。本经上篇中说的"水为道枢，其数名一，阴阳之始，玄含黄芽，五金之主，北方河东"，下篇中说的："青龙处六房兮，春华震东卯，白虎在昴七兮，秋芒兑西金，朱雀在张二兮，正阳离南午，三者俱来会兮，象属为亲侣。"兹后相应地阐明了西金之九，南火之七，东八之木来归朝于北方水的一元之始。由此可见，"九还七返，八归六居"，是修炼内丹、九转还丹之妙谛，后天返先天之大旨。

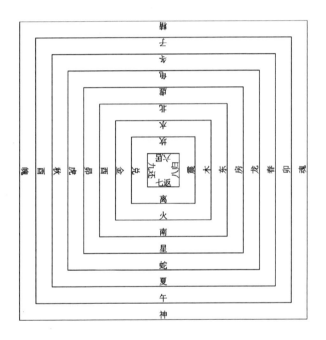

五行外成之数的六、七、八、九：

1. 在卦则为坎离震兑；

2. 在五行为水火木金；

3. 在方位为北南东西；

4. 在宿则为虚星房昴；

5. 在象则为龟蛇龙虎；

6. 在四季则为冬夏春秋；

7. 在时则为子午卯酉；

8. 在身则为精神魂魄。

男白女赤，金火相拘，则水①定火，五行之初。

【注解】

①则水：以水作准则。

【释义】

二与七相加为九，配成西方之金，色转为白，为阳为男；一与六相加为七，配成南方之火，色转为赤，为阴为女。以南方之火炼北方之金，则内丹可成，但金得火克之后方能成器。因此说："金水相拘。"观其河图五行的生成之数，始为天一生水，故水数一为五行之始。

上善若水，清而无瑕，道之形象，真一难图，变而分布，各自独居。

【释义】

老子曰："上善若水，水善利万物而不争，处众人之所恶，故几于道。"意即：至善之德，似水一样，利泽万物而不与万物争，其性善于处下，其体柔弱澄洁，故与道的体性相近。本经引此义来证明道的真一体性，其体其性是清澈无瑕，是天一之源，五行之始，万物之本，玄冥空虚，难以图画。天地由此而分，阴阳由此而判，水火由此而别。天地、阴阳、水火虽各自分布，独居一方，但皆禀的是真一之气。修炼内丹，以水制火为准则，火制金，水克火，三物相须，变化无穷。金水火三物，在人身就是神气精，此为结丹的三品上药。水有至善之德，利泽万物，善于处下而不争，其体透明而无瑕，乃为太空的真一之气所化。因此说："则水定火，五行之初。"

　　类如鸡子，白黑相符^①，纵广一寸，以为始初，四肢五脏，筋骨乃俱^②，弥历^③十月，脱出其胞，骨弱^④可卷，肉滑若铅。

【注解】

　　①符：相配结合。

　　②俱：全备。

　　③弥历：经过。

　　④弱：柔软。

【释义】

　　天地之体如同鸡子一样，天之清气外裹似蛋青，地之黄土居中，如蛋黄。丹胎之法象亦同于此。内丹的初步结成，其形象如同鸡子一样，其色黑白混合，方乃一寸之大。故称："圣胎。"再经过长期温养和烹炼，像婴儿一样可以渐渐长出五脏四肢，筋骨均可俱全，如娘怀儿一样，经过十月怀胎可以分娩。当是时也，金丹的筋骨柔弱而软，可以任意曲卷，骨肉软滑像铅粉一样。

　　此章经义是阐明养性延命为修炼之要领，并以魂魄互为室宅、情性之营作根基、乾坤之动静、刚柔之施化来说明性命之关系。性命是神气之本源，天地真一之气是生身受气之共禀。故欲结圣胎，而成真丹者，须返还归于分天地、判阴阳的真一之道。上篇中讲的"元精眇难睹"的"元精"，是说的大道之运化，人身元精之运度。此章讲的"真一难图"的"真一"，是说的大道之体性，圣胎之法象。

二气感化章第二十一

阳燧^①以取火，非日不生光，方诸^②非星月，安能得水浆，二气^③玄且远，感化尚相通，何况近存身，切在于心胸，阴阳配日月，水火为效徵^④。

【注解】

①阳燧：是铜制的凹镜，能聚焦日光而取出火来。

②方诸：又名阴燧，由大蛤制成，能向月取水。

③二气：指日月阴阳。

④效徵：即效验。

【释义】

伯阳祖师在本经中反复告诫修炼者异类无情、不能成丹的道理，利用阳燧和方诸虽能取出火、水来，如不对着日光和月光，是不会生出火焰和水露的。所以先天八卦的排次，就因同类对仗相应而成整体。老父与老母以乾坤两卦列上下而相承；中男与中女似火、水分东西而相应；长男与长女以雷、风分东北与西南而相通；少男与少女以山泽占西北与东南而相感。日月虽和人间相距幽远，利用阳燧与方诸，可以取出火、水来。由此可见，凡是同类之物，其气之运化，相感相通，无有隔碍，何况人身自己的体内？人身如能体悟身内阴阳二气的交感之理，人身阴阳同样可以配日月。又将阴阳当做水火一样调停运用，经久不懈地烹炼必有效验。

本章经意是以阳燧方诸对日月取水火作比喻，一则以此阐明同类有情的修丹之理，二则以此理晓谕修丹者，用人身阴阳配日月与水火，凝神澄虑，调停运用，自有效验。阳燧和方诸对日月虽能取出水火来，但还须稳定对准光聚方可有验。若运摇不定，对照不准，仍无效果。修丹同然，人身的阴阳配水火，元神与元精凝结之后，虽能成丹，但还须清静神心，神定气和，方可生药。如尘念纷扰，灵渊不静，性海动荡，仍不会成功。

关键三宝章第二十二

耳目口三宝，闭塞勿发通，真人①潜深渊，浮游守规中②，旋曲以视听，开阖皆合同。

【注解】

①真人：在此处指真意。

②规中：指丹田。

【释义】

老子曰："塞其兑（口），闭其门（耳、目），终身不勤；开其兑，济其事，终身不救。"《阴符经》云："九窍之邪，在乎三要。"均与本经讲的"耳目口三宝，闭塞勿发通"的意思相同。

人身的三宝有内外之分，内三宝是精气神，外三宝为耳目口，内外相应相感。"七窍相通，窍窍光明"正是此意。内相而通外窍，外窍而感内相。如目张元神必散，耳闻元精必漏，口张元气必耗。如将外三宝塞固，内三宝定会宁居。内三宝坚守，外三宝亦然平静，内外三宝的互应关系就是这样的紧密。人之真意如潜藏于深渊，六根清净，一元真气浮游坦荡，自然默运于丹田之中。坎为耳（水），离为目（火），兑为口（金）。收视返听，水火卦固，一开一合，一动一静，人之真气随着开阖动静，一升一降，皆由玄牝之门而出入。故曰"开阖皆合同"。

为己之枢辖①，动静不竭穷，离②气内营卫③，坎④乃不用聪，兑⑤合不以谈，希言顺鸿蒙⑥。三者既关键，缓体处空房。

【注解】

①枢辖：枢，门枢；辖，车辖，比喻枢纽。

②离：为目。

③营卫：即体内。

④坎：指耳。

⑤兑：是口。

⑥鸿蒙：元气之始。

【释义】

玄牝是人身的枢纽，百骸九窍六脏均由人身的玄牝之门所管辖。玄牝动静开阖因任自然，无有止境。修丹的首要功法是：离目之光内敛，坎耳之聪内听，兑口之舌缄默，使三者反观内照，松缓周身，像身处在空荡的房子一样。当是时也，如同混沌之状，默运一元之气，先天清静的自然之性自应。这节经义，又和本经前边说的"原本隐明，内照形躯，闭塞其兑，筑固灵株，三光陆沉，温养子珠"，互相阐发丹道的返还之理。

委志归虚无，无念以为常，证难以推移，心专不纵横，寝寐^①神相抱，觉悟^②候存亡。

【注解】

①寝寐：睡着。

②觉悟：灵醒。

【释义】

心志宁静归于虚无，一念不生，凝神聚气，以此为调养丹胎的正常法度。沿着正常的修炼功法去做，遇到任何险难异境，而不能移其心志。一心内守，不得使妄念纵横、逞狂，坦荡平夷。寝寐时，还须抱神以静，不使真性昏迷；灵醒时，须神气内敛，不可让元神放荡，时时刻刻应观察火候的进退存亡。

颜色浸以润，骨节益坚强，排却众阴邪，然后立正阳①。

【注解】

①正阳：正气。

【释义】

药产之后最明显的验证是：人的容貌颜色润泽，筋骨增坚，阴邪净除，正阳之气旺盛。这和上篇中谈的"黄中渐通理，润泽达肌肤"，均是阐发人身阴阳交会，而产生药的信验。

修之不辍休，庶气云雨行，淫淫①若春泽，液液②象解冰，从头流达足，究竟③复上升，往来洞④无极，怫怫⑤被容中。

【注解】

①淫淫：四溢之状。

②液液：津液盛满。

③究竟：终究。

④洞：通达。

⑤怫怫：满布。

【释义】

就这样久持不懈地修炼，庶几如云气布而雨施，似同春气从顶上通到脚踵，周而复始，上下升腾，畅通无阻。水往火复，周身均感丹的作用，仿佛布满山谷的雨露一样。故《生天得道真经》云："三百六十骨节之间，有诸滞碍，十恶之业，百八十烦恼之业，众苦罪源，悉皆除荡。"

反者道之验，弱者德之柄，耕耘宿秽污，细微得调畅，浊者清之路，昏久则昭明。

【释义】

老子曰："反者道之动，弱者道之用。"意即：事物在逆反中才能有无限的生发动力，柔弱谦下可以制服刚强，是自然之验证，非强为也。又如《周易·复卦》中说的"反复其道"，《周易·系辞》曰："谦，德之柄也；复，德之本也。"它是说复归其根，柔和谦退是德之柄，须执持而用之。本节引此意来申述修丹的柔弱谦下，返观内照，自有一阳来复之证验的妙用，再能持清静柔弱的自然体性，这才是树德之基。致虚守静，万虑俱消，灵株自固，百脉皆理，凶恶咸化，人身的八万四千毫毛孔窍的细微之处无不通畅。修丹之功，温养之法，正如农夫耘锄禾苗一样，剪除杂草，禾苗苗壮，枝茂花繁，果实自然丰硕。照这样久持不懈地用功，炼至功深力强，自然了悟丹道的微妙大旨。本节中讲的"浊者清之路，昏久则昭明"和本经前边讲的"知白守黑，神明自来"，都是反复阐发修炼返还内照之功和温养之法。

傍门无功章第二十三

世人好小术，不审道浅深，弃正入邪径，欲速阙^①不通，犹盲不任^②杖，聋者听宫商，没^③水捕雉兔，登山索鱼龙，植麦欲获黍，运规以求方，竭力劳精神，终年无见功。欲知服食法，事约^④而不繁。

【注解】

①阙（厄）：是阻塞不通和遏止之意。

②任：信任。

③没：入。

④约：要领。

【释义】

本节大意是进一步一针见血地点破信任旁门外道，不知有始无终、用功多见效少的弊端。《心印经》云："知者易悟，昧者难行。"不知其法，未得真传，违背修丹的正道，迷信旁门小术，好走捷径，欲速则不达，结果阻塞不通，还不申辩其可行否，以致有始无终。这样的修炼者，如同瞎子不愿用拐杖，聋子却爱好听音乐，到水里去捕捉雉鸡和兔子，到山上去寻找那游水的鱼和潜水的龙，种下小麦想收黍米，用圆规来求方形，岂不是南辕北辙？用尽心力，劳竭精神，结果白费时间，空度光阴，适得其反，这样苦修一年毫无功效。要想知道炼丹的功法，其实很简单而不繁杂。故《悟真篇》云："黄芽白雪不难寻，达者须凭德行深，四象五行全赖土，三元八卦岂离壬。"

此章经义阐明塞兑闭门、收视返听、一意内守、默运一元之气的修炼功法。这和《黄庭内景经》中说的"专闭御景乃长宁，保我泥丸之奇灵，恬淡闭视内自明，物物不干泰而平"的道理是相通的。在此同时，还须修之不辍，十二时中念兹在兹，人身的正阳之气渐壮，周身关窍以及经脉、毫毛孔窍的细微之处无不调和而畅通。用柔弱有为之功夫，久持不懈，化其后天刚强之气质，返其先天无为之性命。再依法修炼，在污浊之处，可以找到清澄的道路，昏暗处亦能了悟修丹的微旨。章尾是反复指责不详审修丹之妙法，弃正从邪，不知为知，盲修瞎炼，以致"终年无见功"的弊端。

流珠金华章第二十四

太阳流珠①，常欲去人。

【注解】

①流珠：即真汞。

【释义】

离火太阳中含有流珠，其性轻浮，易于飞扬，主动。其体犹如滚珠，流转滚动，难擒易失。

卒得金华①，转而相因。

【注解】

①金华：真铅。

【释义】

坎水太阳中含有金华，其性重浊，易于下沉，主静。修炼者只有用稳而静的真铅制伏轻浮而易飞扬的真汞，才是唯一修炼之法。

化为白液，凝而至坚。

【释义】

此两者（铅汞）摄入中宫之后，就自然融化为白色的液体，再经过烹炼就凝结成坚实的内丹。

金华先唱，有顷之间，解化为水。

【释义】

这一结丹的过程，时间较短，首先是金华化解为水，其汞（流珠）自然地就参入反应。故《悟真篇》云："金鼎欲留朱里汞，玉池先下水中银。"亦是说的这个道理。

马齿琅玕[1]，阳[2]乃往和，情性自然。

【注解】

①琅玕：洁白似玉的美石。

②阳：仍指真汞。

【释义】

两者的性情融洽，得真火烹炼，药物自上而下，自下而上，先像洁白似玉的美石，又如马牙齿似的上下交互，推情合性，相须自然，次后就渐渐地由小而大。

迫促时阴[1]，拘蓄[2]禁门[3]，慈母[4]养育，孝子[5]报恩，严父[6]施令，教敕[7]子孙[8]。

【注解】

①迫促时阴：迫促即逼近、抓紧之意；时阴即光阴，也就是时间、机会。

②拘蓄：采取封藏。

③禁门：中宫黄庭穴。

④慈母：坤母土釜。

⑤孝子：真种。

⑥严父：武火。

⑦教敕：严格管教。

⑧子孙：仍指真种。

【释义】

在此期间，可得抓紧时间，不能错过机会，运火采炼，将药物采入坤炉中封藏稳妥。先须耐心地用文火温养，故称"慈母"。此时坤炉中因得药物感之蒸蒸温暖，药物由坤向乾鼎升化，随卦象之六子，顺火候之运度而往来，故称"孝子报恩"。当此之际，可继续用武火烹炼，故称"严父施令，教敕子孙"。

五行错王①，相据以生，火性销金，金伐木荣。

【注解】

①错王：颠倒。

【释义】

万物在表面上看，是在五行顺生中而生长，其实万物在五行反克中起着主要的生化妙用。例如，火虽克金，但金经火炼之后才能成器。金能克木，木被金削之后方可成材。修炼内丹，正用五行的反克作用而成丹。人身的元神（汞）是火，元精（铅）是水，以铅制汞，自成药物。也就是将元精和元神用真意的神力使之结合起来混为一体。又如木本属魂，是性；金本属魄，是情。金木如相和，情性自然相从。这就是"金伐木荣"的妙用。

三五与一，天地至精，可以口诀，难以书传。

【释义】

《悟真篇》中讲的"三五一都三个字，古今明者实然稀。东三南二同成五，北一西方四共之。戊己独具中央五，三家相见结婴儿"。这与本经"三五与一，天地至精"是同一道理。这种修炼真法，虽然易简，但古人是口口相传，纸笔书本难以授受。

子当右转，午乃东旋，卯酉界隔，主客①二名。

【注解】

①主客：仍指金木。

【释义】

十二辰排次是由子向右旋转，由北而东而南而西，随之形成春生夏长秋收冬藏的自然之序。修炼内丹仍合此理。子水是酉金所生，故水之用事先由酉金所主，而卯木为客，故卯酉为南北之界隔。"子发右转，午乃东施"，二者迭为主客，顺逆相须，阴阳互交，变化无穷。

龙呼于虎，虎吸龙精，两相饮食，俱相贪便，遂相衔咽，咀嚼相吞。

【释义】

青龙吐气，白虎吸精，呼根于吸，吸根于呼，两者互为根柢，相与饮食，互为吞吐。铅汞合并，内丹产生。此段经义描述情性相恋、主客相应、彼此衔咽、阴阳合并的沐浴之功。

荧惑①守西，太白②经天，杀气所临，何有不倾。

【注解】

①荧惑：指火星，喻真汞。
②太白：指金星，喻真铅。

【释义】

以火星西行而入金乡、金星昼见而过于午的道理，来比喻修炼内丹、火炼其铅、金精上腾和以过午位，金之杀气所临，而砂中之木汞就会自然制伏的道理。这与本章前边讲的"火性销金，金伐木荣"的义理上下相应。

狸犬①守鼠，鸟雀畏鹯②，各得其功，何敢有声。

【注解】

①狸犬：即猫。

②鹯：是一种猛禽。

【释义】

稳而静的真铅能制伏轻浮的真汞，如同猫捕鼠、鹯抓鸟一样，万类同然。由于神气的威力与迫使，自然就被对方不费气力、不动声色地制伏了。故俞琰说"神入气而为胎，如狸犬之守鼠，药物火而成丹，如鸟雀之畏鹯"。

此章经义是阐发人身真汞与真铅，摄入中宫，先化白液，然后渐渐可结成内丹的一系列的过程。又以子午之右转左旋，卯酉之迭为主客，龙虎相为饮食，比喻人身阴阳互用的自然之理。同时以火金二星运行，鼠怕猫、雀畏鹯来申述火炼金、神御气而成丹的妙用。

不得其理，难以妄言，竭殚①家产，妻子饥贫，自古及今，好者亿人，讫不谐遇②，希有能成，广求名药③，与道乖殊④。

【注解】

①殚：竭，穷尽。

②谐遇：遇到。

③名药：炼丹的药物（指五金八石之类）。

④乖殊：违背。

【释义】

　　常人遇不到名师指点，得不到真传，只会夸夸其谈，他们把家产尽耗于修炼上，以致妻儿受到饥寒，这样的人从古到今还是不少。常言道："修道如牛毛，成道如牛角。"游尽山川，求取名药，可是与炼丹的真传与真诀越来越背离，这样怎能成功。告诫这类修炼者，应当审察了悟自己用的功法，看看起手和结尾是否正确、可否成功、有无效证。以同类的是否可以成功，揣度事物的始终。以此道理去衡量，方可知法，必获成功。

如审遭逢章第二十五

如审遭逢^①，睹其端绪^②，以类相况，揆物终始。五行相克，更为父母，母含滋液，父主禀与^③，凝精流形，金石不朽，审专^④不泄，得为成道^⑤，立竿见影，呼谷传响，岂不灵哉，天地至象^⑥。若以野葛^⑦一寸，巴豆^⑧一两，入喉辄^⑨僵，不得俯仰，当此之时，虽周文揲蓍，孔子占象，扁鹊操针，巫咸扣鼓，安能令苏^⑩，复起驰走？

【注解】

①遭逢：遭遇。

②端绪：即头绪。

③禀与：即赋予。

④审专：即在守炉时应专心精诚，审辨正邪之意。

⑤成道：即成功。

⑥至象：指规序。

⑦野葛：指钩吻，有毒，不可食，入口立死。

⑧巴豆：毒药。

⑨辄：就的意思。

⑩苏：复活。

【释义】

五行逆行为克，这和前面章节中讲的"五行错王，相据以生"的意义相通。修丹者正用五行逆克之理而结丹。这就叫死中有生，害里藏恩。例如：木能克土，但木之生神为水，水之仇神为土（土能克水之故）。木能克制生神（水）之仇神（土）者，其元神继旺，本身方可更得坚固（根旺枝茂）。又如金能克木，金又能生水，倘若得其时机，那么，木贪生于水，而忘克于金。由此可证，五行互为克伐，相为裁制，金木水火土五者方有不过与不及，互为生化之妙用。故曰："五行相克，更为父母。"母似地，父同天，天施地受，万物生成，父精母血互为交感，是为生育之本。因之又说"母含滋液，父主禀与"。丹道同然，精气相合，圣胎产生，待内丹结成之后，如循正法，其功效如影随形，似谷应声，且灵妙至极，是天地之至道，阴阳之至理。结成的内丹，在人身的灵验是：如同有一寸钩吻、一两巴豆，一入咽喉，立可僵死，俯仰不得。此时即使善于测算祸福的文王来占卜，孔子据卦象断吉凶，神医扁鹊持针急救，巫婆神汉击鼓祈禳，也不能解救死者复活人世，站起同以往一样地驰走。以上是用钩吻与巴豆二味毒药入口即僵死的道理，来比喻金丹在人身可以延年的灵验。

此章首先指责不精心研持修行之人，又不遇名师传授，故不得其法，盲修瞎炼，耗尽家产，累及妻儿，误己误人，终不能成功。次以五行逆克之理，阐发修丹之要。又以"野葛一寸，巴豆一两，入喉辄僵"来比喻神丹之速效。

姹女黄芽章第二十六

　　河上姹女[①]**，灵而最神，得火则飞，不见埃尘，鬼隐龙匿，莫知所存，将欲制之，黄芽**[②]**为根。**

【注解】

　　①姹女：彭晓注为真汞，因汞属木，出于离，离为中女，故称"姹女"。

　　②黄芽：在此处指真铅。

【释义】

　　人身之元神，其性灵妙，而且最为神化，后天的情欲稍微有一动，元神就有灵感，同时随之就产生变化。这种变化形式，犹如丹砂见火立可飞扬、不见踪迹一样，变化过程相似鬼样的隐匿，如同龙似的伏藏，不知它的存所与走向。要将真汞制伏，唯有以稳而静的真铅为根宗。

　　物为阴阳，违天背元[①]**，牝鸡自卵**[②]**，其雏**[③]**不全，夫何故乎，配合未连，三五**[④]**不交，刚柔离分。**

【注解】

　　①元：在此处应当"本"讲。

　　②卵：指孵化。

　　③雏：即小鸡。

　　④三五：指水、火、土（水数一，火数二，相加为三，土居中宫，自身为五）。

【释义】

天地之间的万物均由阴阳而生成，既此，万物如离开阴阳的任何一方，就违背了天地的生化之道，生育之本。母鸡如不见公鸡，产下来的蛋是不会孵出小鸡的。为什么？是孤阴不长，独阳不生之故，丹道同然。水、火、土为"三五"，此"三五"不交，人身的一阴（柔）一阳（刚）自然分离。

施化之精，天地自然，火动炎上，水流润下，非有师导[1]，使其然也，资始[2]统政[3]，不可复改。

【注解】

①师导：名师的传授及指导。

②资始：开始。

③统正：正道。

【释义】

阳主施，阴主化，纯属自然。故天地生化万物的自然之道，相似火性炎上，水流润下，不是师授指导，是天地生化万物的自然之道，在任何情况下都不可更改。

观夫雌雄，交媾之时，刚柔相结，而不可解，得其节符，非有工巧，以制御之。

【释义】

观察雌雄交媾的时候，刚（阳）柔（阴）互相交结难分难舍，这是阴阳的自然感应，不是能工巧匠控制和驾驭的，纯属自然。

男生而伏，女偃其躯，秉乎胞胎，受气元初，非徒生时，著而见之，及其死也，亦复效之，此非父母，教令[1]其然，本

在交媾，定置^②始先。

【注解】

①令：指令。

②定置：既定的位置。

【释义】

又如男子生下是伏着，女子生下是仰着，不是生下如此，而是由胎胞中起初禀受的阴阳之气所定。"男生而伏，女偃其躯"，不光是生下来显著地能看到，在临死时亦可效证。这不是父母的教令和指令，而是在父母交媾之时，始先就定下男伏女仰的位置。

此章首述真铅真汞是修炼内丹的根本。这和《悟真篇》中讲的"金鼎欲留朱里汞，玉池先下水中银"一脉相承。又以独阴不生、孤阳不长之理来阐明修炼内丹，必依人身阴阳交媾、刚柔配合、三五归一的要旨。后以火动炎上、水流润下、男伏女偃的自然现象来比喻人身阴阳亦同此理。

男女相须章第二十七

坎男为月，离女为日，日以施德，月以舒光，月受日化，体不亏伤。

【释义】

八卦中的坎卦为中男，在天为月；离卦为中女，在天为日。日为阳精而主于播施阴德，月为阴精而主于舒化光华。月本身无光而借日的真阳之气方可生辉，月虽受日光而生明，但日体亦不会有亏伤。

阳失其契[1]，阴侵其明，晦朔薄蚀[2]，掩冒[3]相倾，阳消其形，阴凌[4]灾生。

【注解】

①契：合，凭借。

②薄蚀：即侵蚀。

③掩冒：遮盖。

④凌：侵犯。

【释义】

月虽借日生光，但日亦食月之阴气而生辉。既此，如日与月两者不交而失和，必致阴气胜行，天昏地暗。非但月蚀、日蚀如此，一月的晦朔之间发现月亮无光者仍是这种原因。日、月和地球运行到一条线上就发生日、月互蚀的现象。如地球行至日与月的中间，地球将日光所掩，此时月因借不上日之阳气，故立即黑暗，此为月蚀，多发生在月望之夜。相反，如月行至地与日中间，月球的一面又将日光阻隔，此时又发生白昼黑暗现象，此为日蚀，多发生在月朔。除此之外，在阴消阳长、阳消阴长的过程中，如遇阴盛阳衰时，就会发生灾殃。这与上篇第十六章讲的"日月相薄蚀，常在晦朔间，水盛坎侵阳，火衰离昼昏"，均是相为发挥丹道阴阳互用、水火相交的微妙玄机。

男女相须，含吐以滋，雌雄错杂，以类相求。

【释义】

既此，修炼者，身心冥合，神气归根，必慎人身阴阳平衡不可偏颇，人身阴阳方能互为依存，互为根基，相须运用，交感含吐，互为滋养。非但人身的自然情理如此，宇宙万物同样均是以雌雄交错，互感相求，方有生生化化的无穷妙用。这是无可非议的天经地义之理。

金化为水，水性周章①，火化为土，水不得行。

【注解】

①周章：四处周流。

【释义】

金能化为水，水性可以周流上下；火能生土，土能克水，水被土克之后，方可不得泛滥洪流。金、木、火、水、土五行互为生扶又相为制约，以致不得有过，不得不及，才能谐调相安。

男动外施，女静内藏，溢度过节，为女所拘。

【释义】

所以，男性刚健好动，主于外施，女性柔顺爱静，主于内藏。欲想防止男性刚健外施失去节度，必用稳静之女性来拘制。

由此可见，人类的男女成双，不止生男育女一端，即使处事应物，亦有刚柔兼济、动静相须互用之作用。

魄以钳^①魂，不得淫奢^②，不寒不暑，进退^③合时，各得其和，俱吐证符^④。

【注解】

　①钳：锁制。

　②淫奢：超长越份。

　③进退：即进火退符。

　④证符：见到效验。

【释义】

　此节继上文发挥魂魄相拘的丹道之理。金魄能钳制木魂，因此，木魂不得淫奢。同样道理，炼丹者虽然真铅能钳制真汞，但铅不宜多，必须相宜才有妙用。同时使火候寒热相等，进退必随时机（一阳动应进阳火，一阴生必退阴符），阴阳和合方可结丹。

　此章经义以"坎离施化，日月薄蚀，男女含吐，不寒不暑，进退合时，各得其和"的阴阳之道，比喻修身炼丹仍须魂魄拘钳、水火土三者互制、阴阳平衡、调和铅汞而成的要意。

四者混沌章第二十八

　　丹砂木精，得金乃并，金水合处，木火为侣，四者混沌①，列为龙虎，龙阳数奇，虎阴数偶，肝青为父，肺白为母，肾黑为子，心赤为女，脾黄为祖，子午为始，三物②一家，都归戊己③。

【注解】

　　①混沌：在此处当金、木、水、火四象混合讲。

　　②三物：指元精、元神、真意。

　　③戊己：即中宫。

【释义】

　　丹砂属火，火由木中而生，故火为木之精英。金能生水，水由金中而出，故水源于金，金因火炼方能成器。在炼丹来说，金被火炼方成丹砂。因之说："得金乃并。"金能克木，但金木相并则为器；水能克火，但水火交则生万物；金能生水，水中藏金，故金水为一家。因之说："金水合处。"木能生火，火中又含着木，故木火为一家。因之说："木火为侣。"金木水火混为一体之后，自然地就分别为二（金水一家，木火同根）。金水合并称虎，木火合并称龙，故谓"四者混沌，则为龙虎"。龙性阳，阳数在八卦爻象中为奇；虎性阴，阴数在八卦爻象中为偶，因此说"龙阳数奇，虎阴数偶"。炼丹时，龙代元神及性，虎代元精及情。太阳始生于东方，万物随之而生茂，龙性属阳，故分属于东方。阳气上升，万类呈祥。五行木在东方，木是青色，因之又称"青龙"。太阳退降在西，草木顺其时而凋零，阴气收敛，万物肃杀。虎性属阴，故分列于西方，五行金在西方，金是白色，故称"白虎"。天之五行，配人五脏。肝属木，其色青；肺属金，其色白；心属火，其色赤；肾属水，其色黑；脾属土，其色黄。炼丹的根本妙用是水火，水火之源是金，因之说"肝青为父，肺白为母，心赤为女，肾黑为子"（子女在卦象为离坎，在五行即水火）。按河图生成之数讲的天一生水其意是：天地之间的万物始生于水。因之，将水分为一数。本章讲的"子五行始"正是说的五行始生之数同源于一，金木同生于土，因之说"脾黄为祖"。总之，无论是金水合为元精，木火合为元神，土自居为真意。三物归一，同入中宫，方可结丹。这和《悟真篇》中说的"四象五行全藉土"的意思是相通的。

卯酉刑德章第二十九

刚柔^①迭兴，更列分布^②，龙西虎东，建纬卯酉^③，刑德并会，相见欢喜。

【注解】

①刚柔：仍指阴阳。

②分布：部位。

③建纬卯酉：纬是指横向，卯酉是指东西方位。

【释义】

天地之间，万物生杀之机，均由阴阳升降进退而统御。阴极生阳，阳极生阴，刚柔相迭，日月往来，遍历分布于十方。经中讲的"刚柔迭兴，更列分部"即是此意。卯酉分东西，而木金在位；青龙本属木居东，卯方之位；白虎本属金应西，西方之位。炼丹者反其道而逆转，将西龙转而为东方，东虎返在西方。东西为纬，南北为经。阴主杀而故称刑，阳主生而故称德。德刑相逢，互相克制，相互生扶，阴阳和合而不偏胜，相为利用，因此说"相见欢喜"。

刑主伏杀，德主生起，二月榆落，魁^①临于卯，八月麦生，天纲^②据酉。

【注解】

①魁：即十二月将中的河魁（二月将）。

②天纲（天罡）：十二月将中的八月将。

172

【释义】

刑主杀，德主生，三月建卯，其卦为大壮，在时为春，河魁所临。河魁属戌，戌在季秋。从河魁所临之属性来看，生中带杀，从大壮之卦的卦象来看，阳大于阴，此时虽四阳上长，但二阴尚在，不到纯阳之节，阳中有阴，德中带刑，故有榆荚凋落之情。八月建酉，在卦为观，在时则为秋。天罡所临，天罡属辰，从天罡所临之属性来看，阴大阳小，未到纯阴之时，此时虽然四阴渐进，但二阳仍然未尽，此为阴中含阳，刑中带德，故有麦苗长生之象。

子南午北[1]**，互为纲纪，一九之数，终而复始，含元虚危**[2]**，播精于子。**

【注解】

①子南午北：南北为纵向。

②虚危：指二十八宿中的两颗星，二十八宿分布四围，各占七星。虚是北方七星中的一颗，危也是北方七星中的一颗。

【释义】

上文讲的卯酉配龙虎而易位，此节讲水火配子午而反复。子水要居于北，午火应居于南。将北之阴水返居于南，南之阳火转居于北，亦是阳中含阴，阴中含阳，刑中有德，德中带刑，伏杀中反有生起，生起中倒含伏杀。这正是乾坤易位，坎离抽添，移星换斗的微妙玄机。经中讲的"子南午北，互为纲纪"盖是此意。河图中的一数为始，九数为终，它的运转规律是由一到九，又由九返一，终而复始地不断循环。北方子位，是二十八宿的虚与危二宿的所居之地，天地万物的始生之数亦在这里。河图内外生成之数是"天一生水"。本经此章说"含元虚危"均指真水与真火交会之地，在人身则是任督二脉相接之处，在天则是日月交会之方。万物由此而生，药物由此而产，故曰"播精于子"。

　　此章经义是以水火交互，金木相并，木火含生，三物一家，刑德见于春秋，子午倒转于南北，龙虎逆施于西东，一九往复于始终，来阐明修真炼丹之道扭转乾坤、移星换斗、倒行逆施的微妙大旨。

君子好逑章第三十

关关^①雎鸠，在河之洲，窈窕^②淑女^③，君子好逑^④。

雄不独处，雌不孤居，玄武^⑤龟蛇，蟠虬^⑥相扶，以明牝牡，竞当相须。

假使二女共室，颜色甚姝^⑦，苏秦通言，张仪合媒，发辩利舌，奋舒^⑧美辞，推心调谐^⑨，合为夫妻，弊发腐齿，终不相知。

若药物非种^⑩，名类不同，分刻参差，失其纲纪，虽黄帝临炉，太公^⑪执火，八公^⑫捣炼，淮南调合，立宇崇坛，玉为阶陛，麟脯凤腊，把籍^⑬长跪，祷祝神祇，请哀诸鬼，沐浴斋戒，冀有所望，亦犹和胶补釜，以硇涂疮，去冷加冰，除热用汤，飞龟舞蛇，愈见乖张^⑭。

【注解】

①关关：是和欢相叫的鸟声。

②窈窕：形容美好的样子。

③淑女：雅重美好的女子。

④逑：匹配。

⑤玄武：北方神。

⑥蟠虬：盘曲相处。

⑦姝：美丽。

⑧奋舒：尽力铺张。

⑨推心调谐：真诚的调和。

⑩非种：不同类。

⑪太公：指太乙真人。

⑫八公：淮南王刘安的宾客，传说为仙人。

⑬把籍：托着祈祷的祝辞。

⑭乖张：不合情理。

【释义】

本章大意是讲修炼内丹先须知晓真铅之根，明悟阴阳升降之理。开头四句是以《诗经》第一篇《周南·关雎》中说的"水鸟在河中小滩上相和相亲地叫着，淑雅美好的女子，君子想和她匹配结为一双夫妻"的道理，来比喻炼内丹必须阴阳交会才能成丹。阴阳不交，性情不合，是不会结成丹的。这个道理如同雌雄各居一方，不会产生小鸡来一样。北方玄武神的形象，是龟蛇盘曲相和一起，由此说明万物生机均有阴阳相交之处。

再如两个女子同居一室，长得再漂亮，就是能言利舌的苏秦和张仪通话说媒，即使合为夫妻，直到发白齿落，也不会相亲相爱，更不会生出孩子来。

炼外丹同样，如是药物不同、性情各别、剂量有参，炼丹的方法要领不掌握，此时，即使黄帝亲自临炉监督，太乙烧火，八公捣炼药物，淮南王再做药物的调制，再为炼丹造建殿宇，筑高台，用白玉做台阶，供上麒麟和凤凰等美味于内，手托祝辞长跪在地上，祈祷神鬼，沐浴身形，斋戒神心，希望有所成功，这样也无济于事。这就如同用胶水去补锅底，揩拭卤水去治破疮，除冷倒加冰块，解热反用沸汤一样，不但无济于事，反而有害。这就像叫潜水的龟腾飞、无足的蛇跳舞，愈行愈谬。

此章经义是说修炼内丹须得人身的阴阳互交，自然就生效果，如偏于阴阳一端，使尽精力，想尽办法则孤阳不长，南辕北辙，愈走愈远，愈修愈悖。它和上篇第十三章讲的"杂性不同类，安肯合体居，千举必万败，欲黠反成痴"，中篇第六章说的"没水捕雉兔，登山索鱼龙，植麦欲获黍，运规以求方"均是阐明药物非种，不得正法，不识人身阴阳之理，妄意猜测，以致十有九败。

下篇

圣贤伏炼章第三十一

惟昔圣贤①，怀玄抱真②，伏炼九鼎③，化迹隐沦④，含精养神，通德三光，津液膝理⑤，筋骨致坚⑥，众邪辟除，正气常存，积累长久，变形而仙。

忧悯后生，好道之伦⑦，随傍风采，指画⑧古文，著为图籍⑨，开视后昆⑩，露见枝条，隐藏本根，托号诸名，覆谬⑪众文，学者得之，韫椟⑫终身，子继父业，孙踵祖先，传世迷惑，竟无见闻。

遂使宦者不仕，农夫失耘，商人弃货，志士家贫。吾甚伤之，定录⑬此文，字约易思，事省不繁，披列其条，核实可观，分两有数，因而相循，故为乱辞⑭，孔窍其门，智者审思，用意参⑮焉。

【注解】

①圣贤：指上古黄帝、老子及成道之士。

②怀玄抱真：一念纯真，抱神以静，也就是老子说的"载营魄抱一，能无离乎"。"真"即纯一、真一、万缘俱消，一念纯真达到虚极静笃的境界。此时，人身的阴阳交会，水火既济，母子相抱，坎离互交，实为修炼之要领。

③九鼎："九转丹成"之意，是将炼丹的药物入鼎烹炼九次的意思。又含有经久不懈、勤于持修之意。

④隐沦：即隐士。

⑤膝理：皮肤肌肉的纹理。

⑥致坚：致密坚实。

⑦伦：同类。

⑧指画：这里按领悟讲。

⑨图籍：指有关修炼的图画及文籍。

⑩后昆：后代。

⑪覆谬：颠倒，悖谬。

⑫椟：柜、匣等。

⑬定录：写定著录。

⑭乱辞：文章结尾总括全文的一段文字。

⑮参：研究。

【释义】

性命为人身之至宝，炼养方法乃天地之至贵，非仁人君子岂能修悟，唯有往昔的圣贤，力久功深，精心修炼、切身体验方悟炼丹之法、养生之妙诀，并掌握了修真之纲领，故恬淡世情，守一抱真，经久不息，炼就九转真丹。变化隐藏、含养培育自身的精气神，使其神气能与日月星之光相通。肌肤润泽，筋骨坚强，邪恶远避，障碍永除，身心康泰，邪魅不侵，正气内敛，道气长存。就这样，积精累气，久持不懈，量大质变，终于脱了凡体而登仙界。

怜悯后辈，谓专心好道的修炼者，给指点迷津，将修丹之真诀，著写经书，并解析前人著留下的书籍，写成文字与画成图样，以指引后来的人们。这些著文明显地只不过是些枝节，根本的要旨还是隐藏其中，并将药物、火候，假名易号，有些地方将文字颠倒地表述。这对德行浅薄、根器不深、只看文字、不精心体悟的修炼者，还是无法理解，无处下手，只得深藏隐匿，终世迷误。不仅自己如此，就是祖宗三代不断研习，还是白耗力气，枉费心机。只觉其中有妙法，不能正果其真，因之，人们就被此而迷住。一旦被此所迷后，做官的离职，务农的失耘，经商的弃货，有志之士为此而倾家荡产，受其贫困。

伯阳祖师为此而痛伤，故著录成文明示后代。《周易参同契》的文字锤炼，易于参悟，功法省简而不繁，层次分明，论述有序，前后相应，上下贯通，方法俱备，火候、度数、药物剂量，其数一层一层向人们交代得清楚，最后总括了全书的要领与中心思想。在这座修炼内丹的宫殿大门上有意地留下孔窍，只要智者留神审辨慎行，心专意诚地去研持，定会见效。

此章经义：伯阳祖师怜悯好道之辈，恐不明正法，盲修瞎炼，以致迷惘一世，耗尽家产，世世代代，费时失业，故先举往昔古圣先贤，因根器深重，服炼成仙，以此开启后辈并将修丹要旨"字约易思，事省不繁"地著录成书，流传于世。

法象成功章第三十二

法象莫大于天地兮，玄沟[1]**数万里；河鼓**[2]**临星纪**[3]**兮，人民皆惊骇。**

【注解】

①玄沟：银河。

②河鼓：指星座（在银河边上称牛郎星），三颗星组成，亦属二十八宿中的牛虚（北方七星中第一颗）。

③星纪：十二次之一。

【释义】

上古为了测量日、月、星的位置和运行，故把黄道带分为十二个部分叫做十二次，其名称是：星纪、玄枵、娵訾、降娄、大梁、实沉、鹑首、鹑火、鹑尾、寿星、大火、析木。

修炼内丹唯有取法天地日月星辰的自然运转之道，这是最大最明显的形象。天上数万光年的银河系将宇宙天体分为两半。二十八宿中的东方七星的第二颗牛星（河鼓）移位，加临在星纪位置上，是星宿错乱、地面将要发生兵祸的征兆，所以黎民惊骇不安。炼丹同然，如火候失去正轨，人身的药物仍会出现走失。

晷影[1]**妄**[2]**前却**[3]**兮，九年被凶咎；皇上览视之兮，王者退自改。**

【注解】

①晷影：日影，在炼丹时为火候。

②妄：差错。

③前却：指日的升沉、进退。

【释义】

日影不照射，阴气必盛行，天地阴晦，淫雨频频。所以尧时就因此而北方有九年之水灾。修炼时如将进火退符掌握、调停不均，运用不当，有毫发之差殊，亦会出现火功亏缺、汞飞铅溢之祸，此时唯有元神（黄帝）才能悟察，指出失调的错误，元气（王）退改而自然归顺。

关键有低昂兮，害气遂奔走；江淮之枯竭兮，水流注于海。

【释义】

天体虽大，南北两极是为关键。无论阳长阴消，或阴长阳消，均在于此。一上一下，往复循环，人身亦然。乾首在南，坤腹居北，真气运行仍一上一下周而复始，循环无穷。在修身炼丹来讲，就是说的"天根"（下丹田）、"月窟"（泥丸）互为转运，上下相应，真气运行于黄道，迫使邪气自然奔走，人身运行仍依气似长江与淮河的流水一样。水者是元气之所化，水之运行仍依气之转运。故《心印经》云："神依形生，精依气盈。"故水之所以能通流者，盖因山泽相感而然，人身真气知足，真精亦会自然旺盛。

天地之雌雄兮，徘徊子与午；寅申阴阳祖兮，出入复终始；循斗①而招摇②兮，执衡③定元纪④。

【注解】

①斗：北斗星。

②招摇：斗杓前端的一颗星。

③衡：玉衡。

④元纪：指周天。

【释义】

　　天地阴阳的升降进退、往复循环是阴起于午，配卦象为天风姤，阳起于子，配卦象为地雷复。故阴阳动静、伸屈消息，徘徊于子午之间。午火长生于寅木，子水长生于申金，因之说"寅申阴阳祖兮"。太阳出于寅而入于申，其道理亦是火生于寅、水生于金之故。对于炼丹来说，坎中一阳虽发于子，直到寅方真火才能透出；离中一阴虽发于午，直到申位真水才得始见。太阳出寅入申，周而复始。不论子午寅申，全仗中天斗柄所指，以定十二月令以及金木水火之位，其春夏秋冬四季以及八节二十四气，仍由此而分定。循斗柄、应时令不失纲纪，这是日月星辰运转的自然之序。这种运行规律，可以用玉衡来测定。

　　此章以天地的自然运行之道来比喻修炼之法。雌雄徘徊，阴阳出入，循依斗之招摇，执持杓之玉衡，指运周天，以定二十八宿躔度，卷舒旋转，无有差错。天道之顺和，地道则平静，万物呈祥。

　　然则修丹与此同途，以天地为鼎炉，火候徘徊于子午之间，出入于寅申之外，子午、寅申者是鼎炉之位置，火由心地转运，似同斗柄之指机，本经前边讲的"悬象著明，莫大乎日月"、"八卦布列曜，运移不失中……上察河图文，下序地流形，中稽于人心……开舒布宝，要道魁柄，统化纲纽，爻象内动，吉凶外起，五纬错顺，应时感动，四七乖戾，誃离仰俯"，与此章经义是表里相应，首尾兼顾，互为解释，相为发挥，均效天道的运化之机，禅悟丹道之密旨。

　　升熬①于甑山②兮，炎火张设③下；白虎唱导前兮，苍液④和于后。

【注解】

①熬：鼎器。

②甑山：甑，做饭器具，在这里应指炉。

③张设：铺设，布置。

④苍液：指青龙。

【释义】

人身一阳初动时，待温养时至，可用武火逼迫金液由下上升，直到头顶。当此之时，炉灶之下火炽，玉鼎之上汤煎，金液（铅）、木液（汞）如同虎啸龙吟，在此期间，驾动河车不可须臾停歇。

　　朱雀翱翔戏兮，飞扬色五彩；遭遇罗网①**施兮，压之不得举**②**；嗷嗷声甚悲兮，婴儿之慕母；颠倒就汤**③**镬**④**兮，摧折伤毛羽。**

【注解】

①罗网：指北方玄武神。

②举：飞翔。

③汤：沸水。

④镬：火鼎。

【释义】

朱雀是南方火，飞翔不定，较难控制，唯有北方水方可制伏，将这一过程，用翩翩任意翱翔的飞禽来形容。正在飞扬的朱雀，一旦遭到罗网，困围其中，它再也飞扬不起，此时就发出悲号声来，其声音如同婴儿喊叫母亲一样悲惨。一旦扔进沸镬之中，羽毛伤残，它再也没有飞翔的机会。此是比喻真汞被真铅制伏之后的情景。这段经义和上篇第七章中讲的"荧惑守西，太白经天，杀气所临，何有不倾，狸犬守鼠，鸟雀畏鹯，各得其功，何敢有声"，均阐发以铅制汞的修炼方法。

　　漏刻未过半分兮，鱼鳞狎鬣[①]**起；无色象炫耀兮，变化无常主；沸溔**[②]**鼎沸驰兮，暴勇不休止。**

【注解】

　　① 狎鬣：狎，玩弄；鬣是一种兽。

　　②溔：是水向上涌出的样子。

【释义】

　　此时龙虎就自然降伏，四象仍会聚于鼎中，到这个时候应当紧密封固，片刻方可告成。这种情态相似神龙腾空，鳞甲舒张，五色照耀，变态多样。鼎中药物沸腾，相似奔马而驰骋，不停地滂沱四溢。

　　接连重叠累兮，犬牙相错距[①]**；形如仲冬冰兮，瓓玕吐钟乳**[②]**；崔嵬而杂厕**[③]**兮，交积相支柱**[④]**。**

【注解】

　　①错距：交叉罗列。

　　②钟乳：指钟乳石。溶洞中，洞顶垂的一种石头，其中含有碳酸钙，可以入药。

　　③杂厕：长短参差，错落有致。

　　④支柱：支撑。

【释义】

　　经过不断地烧炼，可以向上升华，直到鼎盖上一重接一重的叠累，如同犬牙纵横交错，参差不齐，此时它的形状，相似悬崖上吊的冰柱，又好像溶洞中凝秀的钟乳石，高大雄奇，错落有致，排挤堆积，互相支撑。

此章首以升鼎器、安炉灶、张炎火、施药物阐明炼丹的首要条件，次以施罗网罩压飞扬无定的朱雀来比喻铅汞投入鼎器之中，二者相为构制，不能轻举妄动。最后描述了铅汞在鼎器中不断烹炼，其势如水之沸腾，由炉中不断向鼎上蒸发，渐升渐结，遂进而变现形状、接连叠累、相为交错、互为支撑的景象。章尾是说龙虎朱雀三者来朝会宗，又阐明金木水火四象归并中宫，是圣胎的始基，同时介绍大丹初凝和结成的形色及修炼的第一鼎之法度。

阴阳得其配兮，淡泊①而相守；青龙处房六兮，春华②震东卯；白虎在昴七兮，秋芒③兑西酉；朱雀在张二兮，正阳离南午；三者俱来朝兮，家属为亲侣。

【注解】

①淡泊：在此处当自然平静讲。

②华：同花。

③芒：光射及锋、刺，在此处指果实。

【释义】

阴阳相为匹配，清静自然互为相守。在修炼来讲，待人身阴阳相配之后，须万虑俱扫，慎守而不可轻忽。青龙属阳居东方，二十八宿分布于东南西北四方，每方各占七宿，角、亢、氐、房、心、尾、箕是东方七宿，而房是东方七宿正中的一宿，六是房的度数，在时为春，在物为花，在卦为震，在方为东，在辰为卯。"青龙处房六兮，春华震东卯"即是此意。白虎属阴处西方，奎、娄、胃、昴、毕、觜、参是西方七宿，昴是西方七宿正中的一位，七是昴的度数，在时为秋，在物为芒（果），在卦为兑，在方为西，在辰为酉，故曰"白虎在昴七兮，秋芒兑西酉"。朱雀属阳居南方，井、鬼、柳、星、张、翼、轸是南方七宿，张是南方七宿的第五位，二是张的度数，在时为夏，属于正阳，在卦为离，在方为南，在辰为午。因此说"朱雀在张二分，正阳离南午"。青龙、白虎、朱雀三家都来朝供北极中天之上的玄武，相似本家亲戚朋友一样地欢聚一堂。在炼丹来讲，就是青龙（木）、白虎（金）、朱雀（火）三家俱归于鼎器之中。这段经文又和中篇讲的"刚施而退，柔化以滋，九还七返，八归六居"之理相为表里，互作解释。

本之但二物兮，末而为三五；三五并为一分，都集归二所；治之如上科^①分，日数亦取甫^②。

【注解】

①上科：前边所讲的条文。

②甫：起始。

【释义】

先天一气，本来只有水火二物，到后来由两物可变为金木水火四象，再加上一个土就为五行。四象五行归起来就是三个五（金四水一加在一起为一个五，木三水二相加为第二个五，再加中央土自成一个五，故称三五）。三五同归一室，共为一体。也就是将元神、元精以及真意集聚于鼎器之内，用火候依法烹炼，"三五并与一分，都集归二所"正是此意。若能按照本经前面篇章列举的方法、条文，依法修炼，可以获得内丹的始结。

先白而后黄兮，赤黑达表里；名曰第一鼎兮，食如大黍米。

【释义】

内丹初凝之后的形色是纯白，通过温养，逐渐可以变为黄色，继续烹炼，就成为红色。上篇中讲的"采之内白，造之则朱"正指此而言。这是入鼎烧制的第一个过程，称"一转"，又称"第一鼎"。丹的大小如同黍米一样。

本章经义，首讲运火行符之法，次论铅汞互制之妙，后阐明真丹始结之景。

自然之所为兮，非有邪伪道；山泽气相蒸兮，兴云而为雨；泥竭遂成尘兮，火灭化为土；若蘗^①染为黄兮，似蓝^②成绿祖；皮革煮成胶兮，曲蘗^③化为酒；同类易施功兮，非种难为巧。

【注解】

①蘗：黄柏木，可供药用，亦可作染料。

②蓝：蓼蓝，染料。

③曲蘗：酿酒用的曲，也称本酒母。

【释义】

大药的产生，这是自然结成的，并非有意造作或妄为。这个道理相似山泽之气，通过阳光照射，上蒸而为云，云下降又变成雨。泥土虽重滞，干燥了复化为灰尘；火性虽炎上，火灭之后仍可变为尘土。黄蘗为黄色，染的东西仍变为黄色；蓼蓝本为蓝色，染出的东西还是蓝色；皮革经过煎煮，自然成为胶；谷通过酒曲可以酿造成酒。这些同类相应变化的结果，完全出于自然。如若不是同类之物就难成功，万般非类，徒劳心力。同类相融交感之妙用纯属自然。故《悟真篇》云："竹破须将竹补宜，抱鸡应用卵为之，万般非类妄劳力，争似真铅合圣基。"这些都讲的是同类相亲的道理。这节经义又与上篇第十三章、中篇第六章相为辅助。

惟斯之妙术兮，审谛^①不狂语；传于亿世后兮，昭然自

可考。

【注解】

①审谛：仔细、慎重、细密之意。

【释义】

《周易参同契》所编述的修炼功理、炼养功法是通过详审和亲身体验之后而写成的，里面没有一点狂言妄语，将传于亿万后世，经得起考验。其中的道理如同星象一样显明昭著；又犹明明清澈的江水归流于大海一样。所以欲炼内丹，首先要将经书前后的因果关系、总纲与细节详审，反复地思考。再依其法，不断地研持修悟，其中的妙用自会彻悟。故《心印经》云："诵持万遍，妙理自明。"这与上篇第二章中讲的"言不苟造，论不虚生，引验见效，校度神明"和第十四章讲的"文字郑重说，世人不熟思，寻度其源流，幽明本共居"均是反复叮咛后辈，这部炼丹书所讲的功理功法千真万确，经得起考验，不必产生疑虑之心。

焕若星经汉①兮，炳②如水宗海；思之务令熟兮，反复视上下；千周③灿彬彬④兮，万遍将可睹；神明或告人兮，心灵乍⑤自悟；探端索其绪兮，必得其门户；天道无适莫⑥兮，常传与贤者。

【注解】

①汉：指天河。

②炳：明亮之意。

③千周：千遍。

④彬彬：文明温雅的意思。

⑤乍：忽然。

⑥适莫：偏心。

【释义】

神明是无有偏心的。常言道："心诚则灵。"只要你全心全意，持身端正，多行方便，广积阴德，精诚感悟，神圣会告诉你的。日久功深，你将其中的妙道就自然觉悟了。细节掌握，头绪清楚，有门可入。天道最公正，往往将大道传给善者、贤者。故《素书》前序中说："非圣非贤不传。"此章大意申明《周易参同契》所讲的修炼功法及理论，是通过反复审察及亲身体验后写成的，其中没有虚伪妄谈，经历亿万世之后也能经得起考验。

鼎器妙用章第三十三

鼎器歌

圆①三五，寸一分，口②四八，两③寸唇，长尺二，厚薄均。

【注解】

①圆：指鼎的周围形状。

②口：因鼎座是方形，故以口标示。

③两：指座的厚度。

【释义】

本节意在讲鼎器的规模。鼎器分上下两层。上层为鼎，圆周有一尺五寸，厚度一寸一分，下层鼎座（炉）是方形，故以口字标示，稍大于鼎，各自的薄厚是很均匀的。这和做饭的锅灶是一个道理，锅是圆形在上，灶是方形在下，烧炼内丹就以此而取象，以人身为鼎器，头圆，在上为鼎；脐下腹部是方为座，亦为灶。鼎（头）圆，在上象天，配卦象为乾。鼎座（腹）在下象地，配卦象为坤。按《河图》五行的生成之数来讲，北一水与南二火之生数相加为"三"。土居中宫其生数独占"五"，此为"圆三五"之含义。又东三木之数与南二火之生数合并为"五"，北一水之生数与西四金之数相加为"五"数，土乃自为"五"数，前边是水、火、土之生数相加为"三五"，此乃是以木火一家，金水一家，土自成一家，三家相加为三个五数，故曰："圆三五。"这句经义正是《周易参同契》上篇第十一章中讲的"子午数合三，戊己号称五"及中篇第七章"三五与一，天地至精"的要旨。由此可见，鼎器形成之后，不仅有其规模之大小，更重要的是将两仪、四象、五行、八卦（八方）、十二辰、二十八宿、周天三百六十度、鼎器、药物及火候、法度均含藏于其中。如将鼎座说"口四八"的"口"字，本方形，方形有四正四隅（东南西北为四正，东南、西南、东北、西北为四隅）。四正代表四象，以应四时，八方代表八卦，相应八节，故曰"口四八"。

鼎与鼎座分"两"层，定乾坤，分上下，以应南北两极。此情此象，如同人之口。口分上下两唇，人身阴阳二脉，督升任降，就由此两唇而相接，因此说"两寸唇"。

两仪既分，阴降阳升由此而见。春夏为阳，从子午至巳，此六阳为进火之时；秋冬为阴，由午到亥，此六阴为退符之时。进火退符应十二月，分三百六十度，配十二辰与十二乐律。故曰："长尺二。"阳升阴降，二气往来，不急不迫，和缓自如，轻重得宜，平衡均匀，因此又说："厚薄均。"

腹齐①**三**②**，坐垂温**③**，阴在上**④**，阳下奔**⑤**，首尾武，中间文。**

【注解】
①齐：在此处当端讲，又当齐备讲。
②三：指鼎器的上、中、下三层部位，应人则为上、中、下三丹田，也含有鼎炉、药物、火候三者之意。
③垂：两目微闭，向下垂视。
④阴在上：水至于鼎上。
⑤阳下奔：火燃烧于炉下，使阴阳颠倒，也就是以铅制汞的意思。

【释义】
上节是讲安炉立鼎之法象，此节经义是论运火行符之妙用。烧炼外丹时，首先要将鼎炉安置端正，使鼎项、腹、底"三"者不歪不斜，稳固端正。炼内丹同样，上顶泥丸宫为鼎，脐下腹部下丹田为炉，鼎炉之内精、气、神"三"品药物齐备。临用之时，使首腹与脐下丹田"三"个部位端直，两目微闭，向下垂视，以眼对鼻、鼻对心，通身庄严规整，收视返听，万源俱消。此时，肾水上升，心火自然下降，一意独守，温养药物于下丹田之中。经中讲的"腹齐三，坐垂温"，正是此意。这和上篇第六章讲的"三光陆沉，温养子珠"，都是讲的冲和温养法药之妙密。

火性炎上，水性下沉，这是水火之常情。鼎内贮的药物即真铅与真汞，铅属水，易下沉，汞属火，易于飞扬。铅喻元精，汞比元神，元神与元精合凝，内丹才能结成。要得二者归一，须得子午易位，阴阳颠倒，水火既济，铅汞相为拘制，汞不飞则铅不沉，神不散则精不泄，二者不散不漏，自然就会居于一处。因此说："阴在上，阳下奔。"本经中篇第十二章讲的"子南午北，互为纲纪，一九之数，终而复始"，与本节经义均是发挥人身阴阳倒置、神气合凝、铅汞相拘的妙理真谛。

丹基圣胎在鼎内始立之后，不可轻忽继用火功烹炼。火有文武之别，亦有前后之分。从修炼的总体来讲，以药始生之后的未熟之际，可用猛火煅之，待药熟之后，可用慢火沐浴温养。温养到结尾时，再用猛火烧之，内丹才能坚实。经中讲的"首尾武，中间文"即是此意。周天火候的法度亦是如此。子（冬至）是阳之首，阴之尾；午（夏至）是阴之首，阳之尾。进火退符的关键之处就在于子午。所以须要慎心留意，以武火烧炼。卯（春分）酉（秋分）在子与午之间，应时令正在春秋二季，此时，气候温平，寒热各半，可用文火温养。

始七十，终三旬[①]，二百六，善调匀。

【注解】

①三旬：即三十日（度）。

前面已经讲过火候的法度是："首尾武，中间文。"此节是论火候之行度。七十加三十为一百数。再加二百六十数，正好三百六十数，以应一年周天之数。在大药产后的未熟之际，可用武火七十度为量。此时此刻，念不起，意不散，勿忘勿助，内守中宫，又称"沐浴"。到二百六十度完毕之后，再用武火三十度，鼎内丹基圣胎就会结成坚实的真丹。伯阳祖师在此节经义中又告诫修炼者，临炉时务必细心，慎用火候，使轻重缓急得宜，掌握平衡，调和均匀。因此说"善调匀"。《周易参同契》上篇第十五章讲的"候视加谨慎，审察调寒温"，亦是这个意思。

阴火白①，黄芽铅②，两七③聚，辅翼④人⑤。

【注解】

①阴火白：指离宫产的真汞。

②黄芽铅：指坎宫产的真铅。

③两七：东方苍龙七宿和西方白虎七宿。

④辅翼：扶助抚育之意。

⑤人：指圣胎。所谓圣胎者就是百神会聚，无知无识，万缘俱息，混混沌沌，入于恍惚杳冥之境，无形无质的真灵凝结。

【释义】

药物在鼎内通过文烹武炼，就起变化。离卦中所纳的真铅是属阴土，故称"阴"。又因离属火，故称"火"。通过烹炼就变化为白色，故称"白"。坎卦中所纳的真铅是属阳土，在坤炉中通过烹炼，就犹如植物在土中始生之时一样，其色黄而嫩，故称"黄芽"。由此可见，真汞与真铅均在鼎炉中时时生长和变化。在此期间，圣胎在鼎炉内相似将要产生的婴儿一样，须依形躯耐心地抚养和辅助，圣胎才能脱化，生出婴儿。色身中的是凡胎，凡胎可怀入人身，圣胎中怀的是法身，丹道中将圣胎中生出的法身称为婴儿，将圣胎又名丹基。离宫真汞属火是东方木所生，坎中真铅属水是西方金所产，东方木（性）和西方金（情）就是真汞与真铅的父母。那么在此期间，就须龙盘虎踞于中宫，"两七"都来抚育辅助，温养圣胎。此时全在一意不散，允执厥中，阴阳相当，不偏不倚。如失了中和之气，则阴阳偏盛，五行分居，圣胎自伤。所以守中而运天然真火熏蒸，静观一气变化之妙，圣胎才能不断地凝结，命基才能愈来愈坚固。然后自然而然，由无形中生形，无质中生质，待十月胎圆，瓜熟蒂落，婴儿自然出现。

赡[1]**理**[2]**脑**[3]**，定升玄**[4]**，子**[5]**处中**[6]**，得安存，来去游，不出门，渐成大，性情纯**。

【注解】

①赡：充足，丰富。

②理：修治。

③脑：指头顶泥丸宫。

④玄：神妙莫测。

⑤子：法身。

⑥中：即中宫黄庭。

【释义】

上节是论圣胎结后，法身渐长的情景。此节是讲火候运度的修治已足，内丹由下向上，边升边结，圣胎中的法身将要脱胎出壳的时候。故曰："升玄。"到了这个节段，必须达到声色俱化，湛然极静。命功已经完毕，只需修性功了。此时法身因从圣胎中才脱化，其体幼弱，筋骨未坚，能力未全，胆小模糊，还经不起太空中精怪和恶魔的干扰，所以它须处于中宫耐心保护，殷勤温养。故曰："子处中，得安存。"上篇第十五章讲的"固塞其际会，务令致完坚"，中篇第五章中说的"弥历十月，脱出其胞"，就是这个道理。到此节段，只许法身来去在鼎器中荡游，不敢轻纵远离。故曰："来去游，不出门。"法身得到护佑和温养，逐渐地就筋骨坚强而智力充沛，情性纯全，心正胆大，自然而然就脱胎神化，形神俱妙，入水不溺，入火不焚，随远随近，能去能来，往返自如，出入任己。故曰："渐成大，情性纯。"

却归一，还本原，善爱敬，如君臣，至一周，甚辛勤，密防护，莫迷昏。

【释义】

内丹在始炼时，既有阴阳、五行、四象之分，又有鼎炉、药物、火候法度之别。待功行圆满，九转丹成，法身成全，性情纯一之后，火候已终，火气消失，阴阳混合，铅砂之体俱死，魂魄消亡，元精与元神就结成混沌一体。因此说："却归一。"本经上篇第十五章讲的"气索命将绝，体死亡魄魂"，就是这个道理。到丹成之后，人身的神气也就复归于一元之气。故曰："还本原。"丹道中常说"返本还原"者，正指此而言。

人身炼就的法身，如孩子一样，胆小体弱，因太空中还有精怪恶魔，它们也经久引太和真气，得日月光华之照临，乃有灵气和神通。所以初就的法身最易被此惊吓和干扰。此时，其幼弱的法身相似君主，还须后天的躯体如同大臣似的辅助和抚育。二者的关系如同君爱臣、臣敬君，相爱相敬，不可须臾轻忽的抚育和辅助，法神才能安然无恙。故曰："善敬爱，如君臣。"上篇第七章讲的"动静休息，常与人俱"，仍含此意。

在一年的十二个月之内，一日的十二时辰之中，不可间断，缜密防护，昼起不能迷妄，夜寝不敢昏沉，让神明常清常静。故曰："至一周，甚辛勤，密防护，莫迷昏。"

途路远，复幽玄①，若达此，会乾坤。

【注解】

①幽玄：深奥、精微之意。

【释义】

修炼的路途很长，丹道的要旨功理深奥，操持的功法精微，根据人的德性之厚薄，根基之深浅，操行勤怠，故各自成功的期程就不相一致。总而言之，只要你立志修炼，苦志而炼，朝夕不懈，一念真诚，常存正法，遇到任何艰难，不屈不挠，不论期程之长短，终会成功。可是，一旦达到成功之后，愈虚愈神，愈无愈妙，神妙不测，变化无穷，万劫不毁，不生不灭，与日月合其明，与四时合其序，与乾（天）坤（地）合其体，永恒不息。故曰："若达此，会乾坤。"

刀圭①沾，静魄魂，得长生，居仙村。

【注解】

①刀圭：刀头，圭角，比喻量小的意思。

【释义】

此节经义是介绍神妙的法身有变化无穷之神通，但后天的躯体仍可返老还童。炼就的真丹，灵妙无比，威力神奇，如沾服刀头圭角之一点，立见效验，其神力能使魄静魂安，神炼气清，性定命固，形神俱妙，长寿无极。《周易参同契》上篇第十一章中说："白发皆变黑，齿落生旧所，老翁复丁壮，耆妪成姹女，改形免世厄。"《悟真篇》中说："信道金丹一粒，蛇吞立变龙形，鸡餐乃化鸾鹏，飞入真阳清境。"本经上篇第十五章中说："粉提以一丸，刀圭最为神。"丹成之后，能化入洞天福地，跨登于神真所住的仙村。上篇第八章中说："道成德就，潜伏俟时，太乙乃召，移居中洲。"

　　乐道^①者，寻其根，审五行，定铢分。谛^②思之，不须论，深藏守，莫传文。

【注解】

　　①乐：在此处当喜好讲，也就是指好道之士。
　　②谛：注意，细察，在此处当仔细考虑讲。

【释义】

　　此节经义又是对爱好修道之士的告诫。自然界生天生地，分判阴阳，生化万物的原始一气，是生生之本，万化之根。在人身则是一气灵根，它正是真丹之基。所以欲想炼就金丹，必须追其本，寻其根，同时要审察五行生克之机。五行顺则生人，逆则成丹。关于五行逆克在丹中的妙用，在《周易参同契》上篇第十一章中说："黄土金之父，流珠水之子，水以土为鬼，土镇水不起，朱雀为水精，执平调胜负，水盛火消灭，俱死归厚土。"火被水克，又被土所制，这样才能使火水土三家合会。《周易参同契》中篇第七章中说："五行错王，相据以生，火性销金，金伐木荣。"火虽能销金，但金得火炼反能成物。同样金虽能克木，但木被金克之后方可成器。又云："荧惑守西，太白经天，杀气所临，何有不倾，狸犬守鼠，鸟雀畏鹯。"五行逆克的制化之道，正是金木交并、龙虎自伏、水火既济、阴阳交会、铅汞混融、元精与元神合凝的修炼真谛。因此说"审五行"。非但丹道如此，即是人间社会，亦是在相为主扶中，还要有互为制约，才能使人与人之间平衡协调。

　　临炉时必须遵依火候法度，升降进退，掌握平衡，定其轻重。故曰："定铢分。"对丹道的功理功法要仔细地思考。在持修中参悟的真谛妙法，切忌高谈阔论，只可深藏密守，审慎勤修，不必随意写成文字，轻向外传。

御白鹤，驾鳞龙，游太虚，谒仙君，受天图，号真人。

【释义】

待三千功满，八百行圆，道成德就之后，超脱三界之苦，离去尘俗之累，或乘白鹤，或驾青龙，遨游太虚之上，拜谒真神，结交仙友，可受天诏之图，上升天界，永享天乐，脱胎换骨，炼就的灵质神化无方，存亡由我。故号曰："真人。"这节经义与上篇第八章中讲的"功满上升，膺禄受图"，均是证道成之验、德就之征。

此章名《鼎器歌》，前人多以未刊。刘一明《参同直指》将此章列入《三相类》下篇。

此章的中心内容是：将本经三篇修丹之精髓，字约意深、言简而有节次地作了总括；同时将鼎炉、药物、火候之法度、炼养之程序尽含于其中；并且润色三篇之文句，补塞三篇之遗漏，提示鼎器之规模，叮嘱火候的重要性及掌握火候的方法；还描述了真丹的神功妙用，介绍了道成德就、享受天乐的真人。

补塞遗脱章第三十四

参同契者，敷陈①梗概，不能纯一②，泛滥③而说，纤微④未备，阙⑤略仿佛⑥，今更撰录，补塞遗脱，润色⑦幽深⑧，钩援相逮⑨，旨意等齐，所趣不悖，故复作此，命三相类，则大易之情性尽矣。

【注解】

①敷陈：铺设。

②纯一：精华，精粹。

③泛滥：是全面笼统之意。

④纤微：细微曲折之处。

⑤阙：间，缺。

⑥仿佛：在这里应按避免不了讲。

⑦润色：指修正文章。

⑧幽深：深奥。

⑨钩援相逮：提要钩玄，互相联系。

【释义】

由此章开始是补缺《周易参同契》中之不周而著。由于《周易参同契》内容杂，文字古，难免会有欠缺之处，故后著此文以补《周易参同契》前文之不足。

《周易参同契》对炼养的功理及功法只讲了概略，注重大纲，细微之处未能悉备。《易》云："书不尽言，言不尽意。"关于炼养细节怎能一一不漏。因此，撰写此篇以补其缺与漏，并修正解释了幽深的文句，使人明白易懂，归纳散碎文字，使之联系起来，其宗旨与《周易参同契》完全相同，趋向一致。因此，复著此文，名为《三相类》。"乾坤、阴阳五行始终之情尽矣，还丹首尾法象之文旨备矣。"

大易情性，各如其度，黄老用究[1]**，较而可御**[2]**，炉火之事，真有所据，三道由一，俱出径路。**

【注解】

①用究：即要研究的意思。

②较而可御：较，大旨；御，掌握。

【释义】

修炼内丹假借易理及卦象而各有节度，黄帝、老子究其修炼之法，将修丹之大旨全部掌握，经过炉火烧炼能成内丹，确有实据。有药物必有炉鼎，有炉鼎还须有火候。药物、炉鼎、火候三者，名虽有别，其妙用仍合一体。

枝茎花叶，果实垂布，正在根株，不失其素[1]**，诚心所言，审而不误。**

【注解】

①素：这里指炼丹的真水。

【释义】

炉鼎、药物、火候三者之间的关系，如同植物一样，虽然有枝茎、花叶以及结的果实，但是，它的根本命蒂在于根部。在炼丹来讲，无论采药物、安炉鼎、运火候，均不离人身的真一之水。这是千真万确的真情话，细心推敲及审察，确实没有一点错误。

此章是伯阳祖师因《参同契》一节将炼养之理的总括概略，将其中的妙用未能一一详尽，细微之处尚未悉备。唯恐后世难以理解，为了使其旨趣不悖，故后以大易、黄老、炉火参并而通论之，以补塞遗脱及缺陷之处，并借草木枝茎、花叶及果实同生于根部为例，说明三者殊途同归的道理。故曰："三相类。"俞琰曰："参，三也；同，相也；契，类也。谓此书借大易以言黄老之学，而又与炉火之事相类，三者之阴阳造化殆无异也。"

象彼仲冬①节，竹木皆摧伤，佐②阳诘③贾旅，人君深自藏，象时顺节令，闭口不用谈，天道甚浩广，太玄④无形容，虚寂不可睹，匡郭以消亡，谬误失事绪，言还自败伤，别序斯四象，以晓后生盲。

【注解】

①仲冬：每季分孟仲季三个月，孟为上月，仲为中间的一个月，季为下月。仲冬即冬季中间一月（十一月冬至）。

②佐：辅助。

③诘：在这里应当告诫讲。

④太玄：仍指虚无之妙道。

【释义】

卦象震重卦，复月体，晦至朔旦，应年为十一月仲冬节，应日亥子之交时，天地媾其精，日月相揸持，雄雌相抱，阴阳相交，混沌交接，凝神成躯。洞虚、鸿蒙、元皇始初、元年芽滋。

本节经义紧接上文，一月六候已尽，日月合璧，阳气潜藏，阴盛阳微，此时此景，从一年来讲，就是十一月仲冬之节，草木

凋零，枝枯叶落，摧败残伤，其生机返归根底。非但草木如此，
当是时也，飞禽入巢，走兽潜穴，龙蛇蛰眠，人类亦然，人君应
使民以时，告诫商旅，不可随意出外，宜于军民安静，闭门自
养。农夫事田，亦在此时宜于覆肥，护养禾根。丹道亦依此情，
当在人身阴阳交会之际，一阳虽始生于下，但尚微弱，此时应神
气内敛辅助一点微阳。

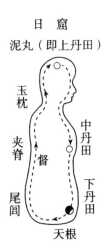

日　窟
泥丸（即上丹田）

天道之运度，虽甚大而极广，但仍幽深而无形象，故难以睹
视。人身的一阳来复之际，仍是无形无象，杳杳冥冥，恍恍惚
惚，难以捉摸，如不专心修悟，就掌握不了它的动机。再如猜测
妄言，是自取败伤，今以四季仲冬作例，来阐明人身一阳始生之
征，谕晓后生修丹之盲者。

此章经义是说圣人观天符之伸屈，悟人身阴阳之进退，阴阳
运度是随其十二乐律而消长，依其斗柄之升降，虽得阴阳消息之
运度，以月的亏盈配震、兑、巽、艮、乾、坤之六候来发挥丹道
火候之进退。《易》曰："雷在地中，复先王以日闭关，商旅不
行，后不省方。"此是释复卦之意，五阴在上，一阳在下，此情

此景，犹如雷在地中微动，象征阳气回复，先王在一阳初动的冬至日，闭关静养，商贾旅客，不外出远行，君主也不省巡四方。本章引此意推度人身一阳来复之际，应安静以养其动，闭塞其兑，澄心守默，使金汞同归于炉中，如日月合璧之时，神凝气聚，金液自结。

自叙启后章第三十五

　　会稽^①鄙夫，幽谷朽生^②，挟怀^③朴素，不乐权荣，栖迟僻陋，忽略利名，执守恬淡^④，希时安宁，宴然^⑤闲居，乃撰斯文，歌叙大易，三圣遗言，察其旨趣^⑥，一统共论。

【注解】

　　①会稽：地名，即伯阳祖师的出生之处。

　　②朽生：比喻朽木无用，是自称谦词。

　　③挟怀：挟，抱，即怀抱。

　　④恬淡：在这里当安静讲。

　　⑤宴然：当平静安逸讲。

　　⑥旨趣：宗旨，大意。

【释义】

　　本章伯阳祖师极为谦虚地介绍本身经历，自称他是会稽的鄙夫，在深谷里隐藏着的如朽木一样的无用之才。天然的生性朴素，不喜欢高官荣贵，栖身在偏僻狭小的地方，不重名利，爱好恬淡的生活、宁静的环境，在平静安闲中修悟撰写了这部《周易参同契》。用诗歌式的体裁，借用《周易》的卦象，引用三圣遗留下来的名著，审察并领悟了宗旨，约三圣之遗言综为一统，融会贯通而综论修炼之道。

　　务在顺理，宣耀^①精神，神化流通，四海和平，表以为历，万世可循，序以御政，行之不繁，引内养性，黄老自然。含德之厚，归根返元，近在我心，不离己身，抱一母舍，可以长存，配以伏食，雄雌设陈，挺除②武都③，八石弃捐。

【注解】

①宣耀：即抒发宣示。

②挺除：动摇。

③武都：地名（其地多出雄黄）。

【释义】

《周易参同契》一书的要领是论修炼内丹的功理及功法。领悟和顺阴阳的升降之理，起发自己的精神，人身内就自然产生神妙难以形容的变化。取得的效果是气血畅通无阻，四肢八脉，舒适安静。人身真气的运行程序，修炼规律，相似历法，草木遇到每一个节气就有一个明显的验证，确属至理真谛，使万世之后仍可遵照修持。依其书中的修炼方法，亦可治理国家。行持起来，其法简易而不繁琐。从修炼内丹来讲，是效法黄帝、老子清静无为、虚无自然的养生之道，积精累气，培建德行，达到厚朴自然的境界。人身的性体自然可以归根复命，返本长生。总之，修炼之法不可远取，只求心神专一，精诚无妄，行往坐卧，牢拴意马，塞兑闭门，方能三宝长存，性命永固。阴阳相配的炼养功法、人身的真汞与真铅，才是真正同类有情之物，它是唯一的炼丹药物。抛弃摒除那武都的雄黄和八石，那些东西与人的性命无关，根本不是同类的有情之物。

审用成物，世俗所珍，罗列三条①，枝茎相连，同出异名，皆由一门，非徒累句，谐偶②斯文，殆③有其真，砥硌④可观，使予敷伪⑤，却被赘愆⑥，命参同契，微览其端，辞寡⑦意大，后嗣宜尊，委时⑧去害，依托⑨丘山，循游⑩寥廓，与鬼⑪为邻，化形而仙，沦寂⑫无声，百世而下，遨游人间，敷陈羽翮⑬，东西南倾。汤遭厄际，水旱隔并，柯⑭叶萎黄，失其华荣。吉¹⁵人相乘负，安稳可长生。

【注解】

①三条："罗列三条，青龙白虎朱雀，木金火是也（彭晓注）。"由此章经义说，"三条"是指三圣（伏羲、文王、孔子）及黄老、大易、炉火。

②谐偶：调和。

③殆：危殆，在这里按恐怕讲。

④砾硌：石头。

⑤敷伪：用铺张美丽的词藻掩盖荒谬的道理。

⑥赘愆：赘，多余；愆，罪过。

⑦辞寡：文字少。

⑧委时：离开尘俗。

⑨依托：寄托。

⑩循游：无拘无束的行游。

⑪鬼：在此当仙讲。

⑫沦寂：寂静。

⑬羽翮：翅膀及羽毛。

⑭柯：枝。

⑮吉：善。

【释义】

详细审辨这些不同类且与人无情的东西，所炼出来的外丹，对人身不但无益反而有害。凡属名流高士，注重人身三宝，炉鼎、药物、火候均不离本身。唯有凡俗，不明正法，未得真传，德行浅薄，不重视修持自身，不积德累行，轻泄三宝，只珍重那些外药以求长生，反而短命。正如《悟真篇》说："人人本有长生药，自是迷徒狂摆抛……井蛙应谓无龙窟，篱鹖争知有凤巢。丹熟自然金满室，何须寻草学烧茅。"《周易参同契》一书将青龙、白虎、朱雀等同于金、木、火三者，虽分三条，但这三条的关系如同一棵树一样，主杆与枝叶虽各异名，但同源于根。这和《龙虎经》中说的"出阳入阴，流曜二方，列数有三"是同一道理。如将这三者掌握，配合得恰当，必可成功。伏羲始画八卦以类万物之情；文王作彖以全大易之数理；孔子辅十翼而明消长之理。察其三圣之旨趣，是一统共论。本节讲的"罗列三条，枝茎相连，同出异名，皆由一门"亦含有此意，并涉及大易、黄老、炉火之用意。所以不能将此书视作只是积累的文句、配合的文章而已，须知其中确有修炼之真法，相似石头中藏着宝玉。倘若只是为了玩弄文字，就掩盖了真情，这不是有意给自己增加罪过吗？伯阳师祖著《周易参同契》是本着大易、黄老、炉火三道的宗旨，所以本书命名为《周易参同契》，以周易为重，因此又名《周易参同契》。倘若仔细研究，文字虽少，其中含藏的意义很丰富，并且简易不繁，易知易行，后代遵行，必获成功。

离世弃俗，避开烦恼，不以名利是非，纷扰灵根，伤害本性。依附在深山幽谷中任意遨游，无拘无束，常和那些来无踪去无影的高人同伴相处，通过长期修炼，才能脱凡体而成仙，隐没声名。正如《庄子》篇中说："夫列子御风而行，旬有五日而后返。"故曰："至人无己，神人无功，圣人无名。"时显时无，不生不灭，不增不减，与天地合其体，与日月合其明，与鬼神合其吉凶，百代之后还可遨游人世。这样逍遥自在的仙界之福，是通过长期苦修的结果，不但在人间任意遨游，还如同身上长出翅膀，自然而然地冉冉翱翔于太空。超脱三界不受五行所拘，即使大地有东南的倾斜，汤有七年的旱情，尧有九载之水灾，天地之间的事物有新陈代谢的变迁，人间有吉凶祸福，事有成败盛衰，物有生死存亡，草木有繁茂凋零，唯有得道成仙，最善最吉的神人才能安安稳稳地不被此而惊扰。故《庄子·逍遥游》说："藐姑射之山有神人居。肌肤若冰雪，绰约若处子，不食五谷，吸风饮露，乘云气，御飞龙，而游乎四海之外，其神凝，使物不疵疠，而年谷熟……之人也，之德也，将磅礴万物以为一……之人也，物莫之伤，大浸稽天而不溺，大旱金石流，土山焦而不热。"此段经义是伯阳祖师将其修炼的结果以及享受仙人的福果作了一个自我介绍，以此鼓励后代。此段文句较为深切，除介绍自身修炼结果外，还有别的隐意。

此章经义是伯阳祖师自述生地和不仕隐修，终得大丹之妙旨，以及道成德就，复约《周易》，取法黄、老，实践"炉火"而著《周易参同契》三篇以传后世的经过。并申明此道是三圣之遗言，其旨趣一统共论，不但修丹能证果成真，即是御政，也会引验见效，简易不繁，导致天下太平，国土清平，四海宁静，万民康乐。

周易参同契赞序

　　参同契者，辞隐而道大，言微而旨深。列五帝①**以建业，配三皇**②**而立政。若君臣差殊，上下无准，序以为政，不致太平。服食其法，未能长生，学会养性，又不延年，至于剖析阴阳，合其铢两，日月弦望，八卦成象，男女施化，刚柔动静，米盐分判，以易为证，用意健矣，故立为法，以传后贤。推晓大象，必得长生，强己益身，为此道者，重加意焉。**

【注解】

　　①五帝：即黄帝、颛顼、帝喾、唐尧、虞舜。
　　②三皇：即天皇、地皇、人皇。

【释义】

　　此章或谓赞序，或谓后序。其意思是说：本书的文字虽然隐晦，可是其中包含着自然、御政、修身、炼养的广大道理。语言虽简，但其中的意旨确为深奥，可以与五帝的建业、三皇的立政而并列。例如君臣之间的主意动机不一致，那就必然导致上下无有准确的常度。再以此去治理国民，国家怎能得其平治？修身同然，若失其法度，差殊无准，烧炼外丹不能得其长生，炼养内丹岂能延年？

　　至于剖析阴阳升降之机，符合药物剂量之数，日月弦望之盈亏，都在卦象中可以反映。关于男女相交互为施化的情理，阳刚阴柔的动静关系，犹如白米与青盐一样的清楚。总之，都是用《周易》卦象爻意来做印证。《参同契》一书所用的辞意，雄健

坚实，在任何情况下经得起考验。建言立论，实为炼丹的法度准
则，留传后代，传授贤达仁人。由此揣测领悟书中修炼妙法，其
要旨自可得矣。所以，只要持法不懈，必得长生，定能益身，故
修炼者必须重视用心研究。

图书在版编目（CIP）数据

周易参同契释义／任法融 著. —修订本. —北京：东方出版社，2012
ISBN 978-7-5060-4578-0

Ⅰ.①周⋯　Ⅱ.①任⋯　Ⅲ.①道教—气功 ②周易参同契—注释　Ⅳ.①R214
②B234.992

中国版本图书馆 CIP 数据核字（2012）第 057132 号

周易参同契释义（修订版）
（ZHOUYICANTONGQI SHIYI）

作　　　者：任法融
责任编辑：贺　方　王　萌
出　　　版：东方出版社
发　　　行：人民东方出版传媒有限公司
地　　　址：北京市西城区北三环中路 6 号
邮政编码：100120
印　　　刷：三河市金泰源印务有限公司
版　　　次：2012 年 7 月第 1 版
印　　　次：2021 年 8 月第 5 次印刷
开　　　本：880 毫米×1230 毫米　1/32
印　　　张：7
字　　　数：91 千字
书　　　号：ISBN 978-7-5060-4578-0
定　　　价：38.00 元
发行电话：(010) 85924663　85924644　85924641